SI YO ME MUERO, ¡¿QUIÉN TE BESA?!

MEMORIAS SOBRE AMOR, PATRIARCADO Y RESISTENCIA

Esta es una obra de carácter testimonial. Los hechos, nombres y experiencias aquí relatados corresponden a la memoria y vivencias del autor.

Primera edición: 2026

Autopublicado por:

ISBN: 979-8-9951756-0-5

TABLA DE CONTENIDO

PRÓLOGO

Encuentro entre memorias

Mercedes Rodríguez López[1]

La historia de Juan Francisco Correa Luna que encontraremos en estas páginas no es exactamente su vida, pero tampoco deja de serlo, aunque no se trate de una autobiografía convencional. Estamos ante un texto poco común. Podría decirse que se acerca al género de la memoria autobiográfica: una memoria pensada desde la perspectiva de género, en la que un hombre desenmaraña y denuncia los efectos nocivos del patriarcado en la vida de su familia, de su entorno cercano y de la sociedad puertorriqueña, mientras relata anécdotas y reflexiona sobre su propia historia personal.

Las complejidades del amor de pareja y de las relaciones humanas, así como los temas políticos y sociales que el autor explora en su memoria, se presentan desde una conciencia feminista, como se reafirma en el segundo capítulo, "El patriarcado". Pronto queda claro que el patriarcado es el —otro— gran personaje de este libro, y el autor lo va develando minuciosamente desde una perspectiva de género entrecruzada con sus múltiples interseccionalidades.

"Aprendimos el patriarcado como quien aprende a hablar: sin darnos cuenta". Con esta afirmación se confirma una de las grandes verdades del sistema patriarcal: se aprende porque vive en la cultura y se nos mete por dentro sin que lo advirtamos.

Muchos detalles de la vida de Juan conmueven, pero destaca especialmente la dulce y poderosa ternura que emana del amor maternal, comprendido desde el lugar de privilegio que ocupa en la memoria de un hijo agradecido.

Se nos presenta el retrato de una madre trabajadora, emprendedora y responsable que lo cuidó y protegió; que le enseñó a rezar el "Ángel de la Guarda…" y el "Con Dios me acuesto…", y que, mientras crecía, le sirvió de escudo frente a las violencias que vivió desde niño en el seno de su hogar.

---

[1] Mercedes Rodríguez López es egresada de la Universidad de Puerto Rico. Tiene más de treinta y cinco años de experiencia en prevención y manejo de la violencia en las relaciones de familia y en la convivencia social. Fue directora del Centro de Ayuda a Víctimas de Violación y de la Comisión para los Asuntos de la Mujer. Formó parte del grupo fundador de la Casa Protegida Julia de Burgos. Ha sido profesora, consultora, investigadora y activista por los derechos humanos, y ha trabajado temas de violencia de género en Puerto Rico, Estados Unidos y América Latina.

Una mujer que sufrió las borracheras, los golpes y el ciclo del abuso de la violencia doméstica, cuando aún no se nombraba como tal. Como tantas madres, era muchas mujeres en una.

El amor, especialmente el amor familiar, funciona como conector de esta historia. Las presencias y ausencias del padre y del padrastro, la constancia del amor de la madre a pesar de dolorosos episodios de desequilibrio emocional (los "ataques de nervios" que el autor analiza en el capítulo 6), las relaciones familiares cotidianas, los vínculos con amistades cercanas y las huellas que dejaron en su vida forman parte del hilo conductor de su memoria.

Como ocurre en tantas familias, hay secretos, silencios y medias verdades que terminan ocupando su propio espacio. Sin proponérselo, Juan descubre una pieza vital en su huella genética con implicaciones profundas en su mapa existencial. Esa información, con sus complejidades y riesgos, lo impulsa a una búsqueda de la que el lector se siente partícipe hasta que las piezas del rompecabezas encuentran su lugar. Indaga con intención y amor. Y encuentra.

Esta memoria resuena también con mi propia vida y con el tiempo que compartimos generacionalmente. Al leerla, reconozco afinidades en la manera en que soñamos, pensamos y desafiamos el mundo entre ideales, resistencias y contradicciones.

La historia personal se entrelaza con procesos históricos y sociales: la colonia, la migración, la represión política, el racismo, el clasismo, la violencia de género y otras injusticias que forman el telón de fondo de muchas vidas, incluida la mía y la de tantas personas de nuestra generación.

Uno de los mayores aciertos del manuscrito es cómo articula su historia personal con diversos sucesos y elementos culturales, conectándolos con sentido dentro del texto.

El encuentro de Juan con Alejandro González Malavé —compañero de estudios y militancia política en la Universidad de Puerto Rico en los años setenta, antes de saberse que era agente encubierto—resulta particularmente estremecedor.

Ese tiempo convulso es recogido con intensidad en el capítulo 35, "Juan, no seas pendejo".

Otros asuntos de interés público me resultan especialmente cercanos: las discusiones familiares y colectivas en torno a la violencia doméstica, la experiencia del autor representando víctimas y las luchas sociales vinculadas a la aprobación de la Ley 54 en 1989.

También me sacudió reencontrarme en estas páginas con la historia de Flor María Soto, a quien acompañamos en su proceso de búsqueda de justicia desde el Instituto Puertorriqueño de Derechos Civiles.

El manuscrito se lee con franqueza y naturalidad. No hay artificios literarios superfluos; predomina el tono cercano de quien narra para comprender.

Fotografías, documentos y materiales diversos enriquecen la memoria narrada y refuerzan su dimensión testimonial.

La lectura de *Si yo me muero, ¡¿quién te besa?!* me llevó a reconocer cuánto conocía —y cuánto desconocía— de la persona de Juan.

Descubrí en estas páginas a un hombre que se adentra en el territorio de las viejas y nuevas masculinidades con una compleja conciencia feminista y una vocación de escritor que hoy se concreta en este libro.

Presento este libro con la certeza de que dialogará con muchas otras vidas y contribuirá a comprender mejor nuestro tiempo.

1
Si yo me muero, ¡¿quién te besa?!

Nunca sabré cuáles fueron sus últimos pensamientos aquella madrugada húmeda y fría en el Hospital de Veteranos, en septiembre del año 2000. Pero jamás olvidaré las frases que repitió tantas veces en mi niñez, en aquel pequeño apartamento en la ciudad de Brooklyn, Nueva York:

> *"Encabulla y vuelve y tira, que te salió batata".*
> *"Los niños hablan cuando las gallinas mean".*
> *"Al que madruga, Dios lo ayuda".*
> *Y, sobre todo:*
> *"Los machos no lloran".*

Sin embargo, entre todas estas —y tantas otras—, su frase favorita era:

"Si yo me muero, ¡¿quién te besa?!".

Así le decía Santos Reyes Valentín, mi padrastro, a mi madre cuando la borrachera lo llevaba de la nostalgia al delirio, del cariño torpe a la violencia disfrazada de amor.

Años más tarde supe que esa frase no le pertenecía. La tomó prestada del gran Pedro Infante, el actor y cantante que reinó durante la Época de Oro del cine mexicano.

Infante la pronunció con la fuerza de los ídolos en la película *Los hijos de María Morales* (1952).[2] Mientras tomaba por los brazos a su pareja de baile, tambaleándose entre risas y tragos, intentaba besarla con una mezcla de deseo y agresividad.

—Ay, trompuda, si yo me muero, ¡¿quién te besa?! —decía él, enredado en su propio embrujo de macho encantador.

Aquella escena quedó grabada en el alma popular como símbolo de una época: los años en que el cine mexicano tejía su esplendor con hilos de luz, música y machismo.

---

[2] Los Hijos de María Morales (1952) Vease Película completa con Pedro Infante. Canela.TV. Disponible en: https://www.youtube.com/watch?v=Df-tlO9J_XM

Yo crecí viendo esas películas junto a mi madre, envuelto en la penumbra de la sala, escuchando su risa suave y, a veces, su suspiro triste.

Para mí, el blanco y negro de la pantalla era una extensión de mi propia casa: el amor mezclado con miedo, la ternura manchada de alcohol.

2
El patriarcado

Recuerdo la manera en que Santos miraba a las mujeres jóvenes cuando salíamos a la calle. Era una mirada lenta, casi imperceptible, fija sobre sus glúteos o senos, que terminaba con una breve mordida de labios y una extraña sonrisa que yo reconocía sin poder nombrar. Años después encontré la palabra: cosificación.[3] Pero entonces solo sabía que algo en ese gesto me incomodaba, como si el mundo me estuviera enseñando una lección que yo no había pedido aprender.

El patriarcado es una estructura viva que ha moldeado nuestra manera de amar, de criar, de pensar e incluso de morir. Es un sistema político y social que sostiene que los hombres son, por naturaleza, superiores; que dominan por derecho y que las mujeres, los niños y las personas más vulnerables deben someterse a su voluntad.[4]

En mi infancia, esa palabra jamás se pronunciaba. Pero sus efectos se respiraban en cada esquina, en cada gesto, en cada canción. Aún hoy muchos hombres la rechazan cuando alguien la menciona —«eso es cosa de feministas»— sin comprender que ellos mismos son también víctimas de ese molde que los deshumaniza.

Aprendimos el patriarcado como quien aprende a hablar: sin darnos cuenta. Lo absorbimos en casa, en la escuela, en las misas de domingo, en las telenovelas y en los noticieros.

Uno de sus maestros más eficaces fue el cine. Entre 1933 y 1964, México alcanzó niveles de producción y reconocimiento internacional jamás

---

[3] "Cosificación del cuerpo de las mujeres," Mujeres Activando. https://www.mujeresactivando.org/concepto/cosificacion-del-cuerpo-de-las-mujeres/

[4] "Patriarcado es un término que se utiliza de distintas maneras para definir la ideología y estructuras institucionales que mantienen la opresión de las mujeres. Es un sistema que se origina en la familia dominada por el padre, estructura reproducida en todo el orden social y mantenida por el conjunto de instituciones de la sociedad política y civil, orientadas hacia la promoción del consenso en torno a un orden social, económico, cultural, religioso y político que determinan que el grupo, casta o clase compuesto por mujeres siempre está subordinado al grupo, casta o clase compuesto por hombres, aunque pueda ser que una o varias mujeres tengan poder, hasta mucho poder, como las reinas y primeras ministras, o que todas las mujeres ejerzan cierto tipo de poder como lo es el poder que ejercen las madres sobre los hijos y las hijas". F. Montejo, Cuando el género suena cambios trae: metodología para el análisis de género. p28. (2002). https://fundacionjyg.org/wp-content/uploads/2022/06/Cuando-el-genero-suena-cambios-trae.pdf

imaginados. A ese periodo se le llamó la Época de Oro del Cine Mexicano, y Pedro Infante, con su sonrisa de niño travieso y su voz de terciopelo, fue uno de sus pilares. Pero detrás del brillo de los reflectores, sus personajes —el charro noble, el borracho sentimental, el seductor invencible— eran también el espejo fiel del patriarcado.

Infante se convirtió en figura emblemática de una industria cuya visión patriarcal siguió proyectándose, décadas después, en el cine hollywoodense y en las telenovelas. En ambas industrias se reproducen la objetivación de la mujer, el acoso sexual, la violencia de género, la sumisión al poder y el culto a la borrachera: antivalores disfrazados de entretenimiento que una generación tras otra absorbió como si fueran verdades naturales.[5]

Nos enseñaron que las mujeres eran objeto de deseo, propiedad del varón, parte del inventario doméstico. Y esa enseñanza no llegaba solo desde la pantalla: llegaba desde la mesa, desde el púlpito, desde la letra de las canciones que se cantaban en las fiestas y en los velorios.

El patriarcado, junto con el racismo y el capitalismo, ha sido una de las exportaciones más letales del mundo moderno. Europa lo empacó junto con su religión y sus banderas, y lo envió a las Américas para justificar la colonización y el saqueo. Y aquí sigue, enquistado en la cultura, mutando y adaptándose a cada época. No solo en Puerto Rico, donde aún sentimos las cadenas del colonialismo, sino también en naciones que se proclaman libres, pero continúan atrapadas en la misma lógica de poder, privilegio y jerarquía.[6]

Todo lo que acabo de escribir lo aprendí mucho después, en libros y conversaciones y años de distancia. Pero las primeras lecciones me las dio Santos sin proponérselo.

Una tarde estaba sentado en su sillón con el periódico abierto. En una de las páginas interiores —de esos periódicos que no escatimaban en crudeza— aparecían las fotos de trozos de órganos del cuerpo de una mujer asesinada por su marido. Yo las vi. Sentí náuseas. Me pregunté cómo era posible que esas imágenes estuvieran allí, entre las noticias y los clasificados,

---

[5] N. G. Velasco, "Rasgos de la feminidad poscolonial dictados por el patriarcado y planteados por el cine mexicano de la época de oro," ECA: Estudios Centroamericanos, vol. 62, núms. 709–710 (2007), pp. 1086–1105.
https://revistas.uca.edu.sv/index.php/eca/article/view/4676/4669

[6] A. Quijano, Colonialidad del poder, eurocentrismo y América Latina, Buenos Aires: CLACSO, 2000. Disponible en:https://www.lahaine.org/mundo.php/colonialidad-del-poder-eurocentrismo-y-a

disponibles para cualquier niño o niña que se asomara. Había algo en esa normalidad que me perturbaba más que las propias fotos: el hecho de que nadie pareciera escandalizarse, de que la muerte de una mujer cupiera en el periódico de la mañana junto a los anuncios de la ferretería.

Santos pasó la página.

El patriarcado no es un concepto académico ni una herencia remota. Es aquella tarde. Aquel periódico. Aquella mirada.

3
Santos

Foto de Santos Reyes Valentín en Nueva York

Siempre lo recuerdo sentado. En la silla de la cocina, con los codos sobre la mesa y el vaso cerca de la mano, como si el reposo fuera también una forma de autoridad. Hablaba poco cuando estaba sobrio. Cuando bebía, en cambio, el apartamento se le quedaba pequeño y su voz encontraba el camino hacia las canciones que guardaba adentro.

Fue en aquellos años, a finales de los cincuenta y principios de los sesenta, cuando mi madre, tras separarse de mi padre, mantuvo su relación con Santos. Él era un hombre trabajador, noble en el fondo, pero roto por dentro. Como tantos otros, arrastraba una educación que le había enseñado a reprimir sus emociones y a esconder la fragilidad bajo la máscara de la fuerza.

"Los machos no lloran", le repetían, porque llorar era cosa de nenas. Los hombres, decían, debían ser duros, insensibles al dolor propio o ajeno. Los hombres mandaban, decían y bebían.

El alcohol, para Santos, era símbolo de virilidad, reconocimiento y poder ante los demás. Y era precisamente a través del alcohol como intentaba apaciguar la culpa, el dolor y tantos otros demonios generados por este sistema de dominación y mutilación humana que es el patriarcado.

No fueron pocas las veces que lo escuché cantando, con los ojos vidriosos y el alma rota, aquellas letras en la voz de Pedro Infante, Daniel Santos, Javier Solís y Cuco Sánchez.

Una y otra vez, su voz ronca se unía a la del ídolo y repetía los versos de la canción que resumía la idea del amor como posesión y dominio.

Te vas porque yo quiero que te vayas.
A la hora que yo quiera te detengo.
Yo sé que mi cariño te hace falta,
porque quieras o no, yo soy tu dueño.[7]

La letra de *La Media Vuelta* era, al mismo tiempo, una confesión y una sentencia. Mi madre la escuchaba en silencio, quizás comprendiendo que en esas palabras se escondía el drama de toda una generación: hombres que amaban sin saber amar, mujeres que esperaban sin saber por qué esperaban.

---

[7] El compositor de la famosa canción "La media vuelta" es el mexicano José Alfredo Jiménez.

4 Mami

Es mi corazón
una nave en el turbulento mar,
desafiando la fuerte tempestad
de eso que llaman amor.
Tú, lobo de mar,
hacia dónde esta nave has de llevar,
sin preocuparte apenas
que rumbo tomaremos.

—Nave sin rumbo, Sylvia Rexach

Tú no sabes nada de la vida
tú no sabes nada del amor,
y eres como nave a la deriva
que vas por el mundo sin razón.

—*¿Qué sabes tú?* de Myrta Sylva [8]

Foto de Mami a finales de los años 50

Mi madre, Ada Luna Cartagena, nació en Coamo el 1 de mayo de 1919. Tuvo seis hermanos y cuatro hermanas. Mis abuelos fueron sumamente estrictos en

[8] Extractos de las letras de "Nave sin rumbo" (Sylvia Rexach) y "¿Qué sabes tú?" (interpretada por Myrta Sylva). © respectivos titulares de derechos. Todos los derechos reservados. Uso limitado con fines de crítica y análisis conforme a principios de cita.

la crianza, especialmente con las hijas. Mientras mis tíos podían pasar buena parte del día en la calle, a mi madre y a mis tías prácticamente les estaba prohibido salir, salvo para ir a la escuela o a la iglesia con mi abuela.

Desde pequeña, mami fue educada para ser "una buena niña" y, más adelante, una buena esposa, ama de casa y madre. Por eso, sus regalos más preciados eran sus muñecas: símbolos tempranos del rol que la sociedad esperaba de ella.

Sin embargo, su espíritu libre y contestatario desafió esas normas. A los 17 años, movida por el amor y la ilusión, se fugó del hogar familiar para vivir con quien creía que sería el amor de su vida. Poco después, con apenas 20 años, quedó embarazada y dio a luz a su primer hijo, Juan Antonio Luna (Tatito), el 12 de junio de 1939.

Pronto descubrió que aquel "príncipe azul" era un fraude. Tatito nunca fue reconocido legalmente por su padre ni recibió pensión alimentaria. Para mami, ese hombre representó su primer gran desengaño amoroso. Y el golpe más duro llegó cuando Tatito, con apenas tres años de vida, murió trágicamente víctima de la malaria.[9]

Dicen que mi madre casi pierde la razón con su muerte. Cuando veía pasar un niño por la calle o la plaza de Guayama, salía corriendo tras él, convencida de que era su hijo, llorando desconsoladamente, gritando su nombre, suplicando que se lo devolvieran. El tiempo nunca pudo borrar aquella enorme pérdida en su alma, que para ella se convirtió en una herida abierta y permanente.

---

[9] "Para el año 1942 morían casi tres mil personas a causa de la malaria en la isla" R. Miranda Franco y A. Casta Vélez, *La erradicación de la malaria en Puerto Rico*, Revista Panamericana de Salud Pública, vol. 2, 1997, pp. 146-150, https://www.scielosp.org/pdf/rpsp/1997.v2n2/146-150.

Tatito frente a dos de mis tíos. La foto fue tomada poco antes de su muerte.

Gracias a mi madre, las primeras letras de canciones que escuché sobre el desamor y la pérdida fueron las de Sylvia Rexach y Myrta Silva —sus cantantes favoritas—. Ambas siguen siendo pilares de la música puertorriqueña, mujeres adelantadas a su tiempo que cantaron con valentía sobre el amor, el deseo y el dolor.

Contrario a lo que muchos creen, "*Alma adentro*" de Sylvia Rexach no es una canción de amor romántico, sino un canto desgarrador por la pérdida de un hermano. Recuerdo a Mami escuchándola con los ojos húmedos, tarareando cada palabra con nostalgia.

Naves sin rumbo

La sociedad no nos prepara para enfrentar la pérdida de un ser amado, menos aún la de un hijo o una hija. Todos tendemos a pensar que moriremos antes que ellos. Hoy continuamos viendo a padres y madres enterrando a sus hijos e hijas no solo por enfermedades como el cáncer o accidentes, sino también por la violencia de género y el maltrato infantil.

La sociedad tampoco nos prepara para encontrar el verdadero amor, ni mucho menos para entender correctamente su significado. Aunque todos reconocemos su importancia, constantemente nos enfrentamos a ejemplos de su fracaso. Es sorprendente que sociedades como la nuestra, al igual que en la estadounidense, se proclamen impulsadas profundamente por la búsqueda del amor (reflejado en el cine, la televisión, la música y la literatura), pero que ofrezcan tan pocas oportunidades para comprenderlo verdaderamente y aprender a expresarlo. El amor a menudo se presenta como un producto más: algo que puede comprarse, venderse o intercambiarse. La industria del entretenimiento y la publicidad nos bombardean constantemente con idealizaciones románticas del amor que son inalcanzables. A menudo fantasiosas y distorsionadas. Esto conduce a una comprensión superficial del amor, cuya verdadera esencia se pierde muchas veces en medio de escenas de extrema violencia, consumismo y la búsqueda constante de satisfacción inmediata.[10]

Las relaciones amorosas están frecuentemente impregnadas de dinámicas de poder desiguales. El amor se enseña y se espera que sea vivido dentro de los límites establecidos por los roles de género tradicionales. Esto impide aprender a expresar el amor de una manera humana, auténtica, respetuosa y equitativa. Las mujeres, por ejemplo, son socializadas para ser las principales cuidadoras y proveedoras emocionales, mientras que los hombres son condicionados a reprimir sus emociones, imponer su dominio y su fuerza, y a no valorar el amor como una necesidad esencial.

Mami me confesó alguna vez que nunca llegó a conocer el verdadero amor de pareja. ¿No somos acaso —como en las letras de Rexach y Silva— naves sin rumbo, hombres y mujeres que buscamos amar sin comprender aún qué significa?

¿Qué significa el amor en las relaciones de pareja dentro de nuestra cultura patriarcal bajo el capitalismo?

El terapeuta John Bradshaw, en su libro *Crear amor*, sostiene que el fin del patriarcado es esencial para descubrir el camino hacia el amor verdadero. Mientras no desmantelemos las estructuras que oprimen y jerarquizan, seguiremos repitiendo los mismos errores afectivos.[11]

Continuamos escuchando en los medios de comunicación masivos canciones de baladistas y raperos famosos que degradan a la mujer con sus letras misóginas. Si queremos crear una cultura de amor, debemos realizar

---

[10] bell hooks, *All about love: New visions*, 2000.
[11] John Bradshaw, *Creating Love: A New Way of Understanding Our Most Important Relationships*, Bantam, 2013.

cambios profundos en nuestra manera de pensar, hablar, actuar y cantarle al amor, a las mujeres y a las relaciones de pareja. Incluso desde la infancia, los valores machistas se infiltran en nuestra educación. La vieja canción "*Arroz con leche*" lo ilustra con claridad: se enseña a los niños que deben buscar a una mujer para casarse que "sepa tejer, barrer y planchar".

Por fortuna, nuevas generaciones han comenzado a reescribir esas letras. En una escuela argentina, una maestra propuso esta versión:

Arroz con leche, yo quiero encontrar
una compañera que quiera soñar,
que crea en sí misma y salga a luchar
por conquistar sus sueños de más libertad.
Valiente sí, sumisa no,
feliz, alegre y fuerte, ¡te quiero yo! [12]

Lamentablemente, esta versión feminista de "*Arroz con leche*" no ha sido difundida lo suficiente en nuestra sociedad.

Mami no llegó a conocer esta revisión de "*Arroz con leche*", pero pronto se daría cuenta, a partir de su temprana experiencia con los valores degradantes de la sociedad patriarcal, de que su felicidad no podía depender exclusivamente del apoyo económico de un hombre.

Gracias al apoyo de una de sus hermanas mayores, Ramona Luna (Titi Moncha), Mami aprendió el oficio de peinadora y cosmetóloga. Con esfuerzo y determinación, estableció su propio salón de belleza en Guayama, alcanzando independencia económica y personal.

Fue en esa etapa, tras la pérdida de Tatito, cuando conoció a mi padre, Julio Correa Arroyo. Se casaron el 4 de mayo de 1945.

[12] "*Arroz con leche*: niños cantan versión feminista por el 8M", UnoTV, consultado en: https://www.unotv.com/virales/arroz-con-leche-ninos-cantan-version-feminista-redes-sociales-8m/

Mami y Papi en Guayama, a principios de los años 50.

En Guayama nacieron mis hermanos mayores: Julio (Julito), Ada (Lily), Adolfo (Puchy) y Aida (Cuca). El negocio de mami prosperó rápidamente. Su salón, uno de los pocos en la ciudad —cerca del Teatro Calimano—, se convirtió en un punto de encuentro para las mujeres del pueblo.

Foto de mi hermana y hermanos, a finales de los años 40, en Guayama, Puerto Rico.

El éxito de su trabajo, junto al salario de papi, permitió que criaran a sus hijos con dignidad, en una época en que pocas familias podían vestir a sus niños "de punta en blanco". Incluso podía donar dinero y dar apoyo a la escuela pública donde estudiaban mi hermana y mi hermano mayor.

Mami fue una mujer que, a pesar del dolor, se reinventó. Su historia es la de muchas mujeres puertorriqueñas que, en medio de un sistema patriarcal, construyeron libertad con sus propias manos.

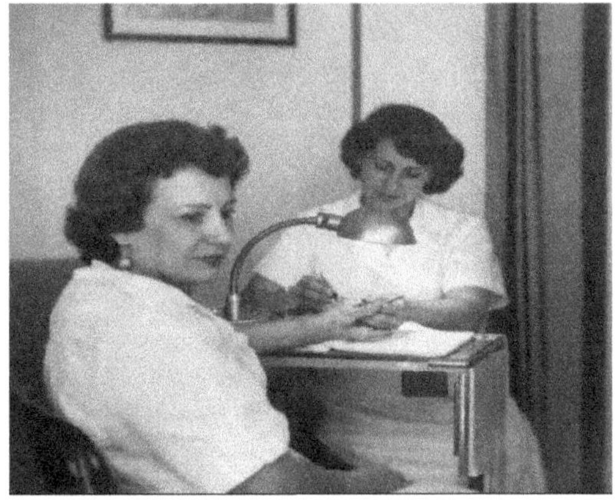

Mami en su salón de belleza en Guayama, a finales de los años 40.

5
Operación "Manos a la Obra"

Durante aquellos años de esperanza y contradicción, el país se entregaba con fe casi religiosa a un proyecto que prometía la modernidad: la llamada Operación "Manos a la Obra". Fue un plan económico y político diseñado con precisión quirúrgica a la medida del capital norteamericano, bajo el espejismo de progreso que se extendía como un nuevo amanecer. En teoría, era el inicio de una era de prosperidad; en la práctica, sería el comienzo de una dependencia más sutil, pero igual de profunda.

Los cuatro pilares de ese modelo —concebido por el Partido Popular Democrático hacia finales de los años cuarenta— eran claros como el sol sobre las cañas de azúcar: incentivos contributivos al capital foráneo, la transferencia de fondos federales a través de programas como la PRERA y la PRRA[13], el endeudamiento público y el fomento de la emigración masiva.[14] Fue un pacto silencioso entre poder y pobreza, donde los sueños de progreso se pagaban con la partida de los cuerpos y las almas de quienes se iban.

Mi familia era una de tantas. Como miles de hogares puertorriqueños, respondimos al llamado de esa nueva fe industrial que, paradójicamente, exigía la huida. "Hay que irse a Nueva York", dijo mi padre, con esa mezcla de convicción y desesperanza que tienen los hombres cuando el futuro se les escapa entre los dedos. Y en una sociedad donde el patriarcado dictaba hasta el domicilio de una mujer, a mi madre no le quedaba más opción que seguirlo.

Ella dejó atrás su pequeño salón de belleza en Guayama —su orgullo, su independencia, su pequeño reino perfumado a laca y agua de rosas—, y embarcó su rumbo al norte junto a mis hermanos y hermanas mayores. A mediados de los años cincuenta, el aire de la isla olía a ausencias.

---

[13] La PRERA y la PRRA fueron dos agencias del gobierno estadounidense que trabajaron en Puerto Rico durante el New Deal para aliviar la crisis económica, aunque con diferencias importantes. La PRERA (Administración de Ayuda de Emergencia de Puerto Rico) fue la primera, un programa local y de menor duración que distribuía fondos federales. La PRRA (Administración de Reconstrucción de Puerto Rico), que la reemplazó en 1935, fue una agencia federal con objetivos más amplios de reconstrucción a largo plazo, que incluyeron proyectos de vivienda, infraestructura y desarrollo agrícola.

[14] L. C. Reyes, *Pobreza en Puerto Rico: Radiografía del proyecto americano* (Editorial Luna Nueva, 2005).)

A Nueva York también fueron a parar muchos de mis tíos y tías, todos abordando esa enorme "*guagua aérea*" que, día tras día, transportaba a miles de familias con la esperanza de encontrar un pedazo del llamado Sueño Americano. Pero la mayoría no halló más que la sombra de un sueño roto. Aquellos que habían sido pobres en la isla, seguían siéndolo en la ciudad de Babel. Solo que ahora, además del hambre, debían enfrentarse al frío, al idioma y a un país que los miraba con desconfianza y racismo, como si su presencia fuera un error en la ecuación del progreso.

Foto de mis hermanos y hermanas junto a mi abuela y mi tío Che en Nueva York.

Las estadísticas lo confirmaban: para 1960, el 34 por ciento de las familias puertorriqueñas en Nueva York vivían por debajo del umbral de pobreza, con ingresos menores a tres mil dólares anuales. La cifra duplicaba la de las familias afroamericanas y triplicaba la de las blancas.

A menudo se decía que los puertorriqueños ganaban el salario más bajo de toda la ciudad y que vivían en los barrios más deteriorados. Muchos de ellos, especialmente los que emigraron justo después de la Segunda Guerra Mundial, habitaban en condiciones peores que las de la Gran Depresión.[15]

Fue en ese escenario, entre el ruido de los trenes elevados y el humo gris de las fábricas, donde la relación entre mis padres comenzó a resquebrajarse. Aquello que en la isla había sido rutina y supervivencia, en Nueva York se

---

[15] *Puerto Rican Forum, A Study of Poverty Conditions in New York Puerto Ricans, 1 de enero de 1970, pp. 23–24.*

volvió distancia. Los trabajos eran duros, los sueldos escasos y el orgullo herido. Mi madre, que alguna vez fue dueña de su propio negocio, terminó trabajando en una fábrica donde ensamblaban pistolas de juguete. Pasaba horas pegando piezas diminutas con un adhesivo negro que al final del día le dejaba las manos manchadas, como si la vida misma se le hubiese impregnado de hollín.

Mi padre, por su parte, empezó en otra fábrica y luego consiguió empleo en un colmado propiedad de un amigo. Pero el dinero no alcanzaba y, con el tiempo, su carácter se fue volviendo tacaño y agrio. Mami nunca le perdonó haberla sacado de Puerto Rico justo cuando su negocio empezaba a florecer. Siempre pensó que aquella mudanza era un error —una rendición impuesta más que una elección compartida—, y quizá tuvo razón.

Cuando la fábrica de pistolas cerró, mami consiguió empleo en una planta de costura. Allí, en medio del ruido constante de las máquinas Singer, conoció al hombre que más tarde sería mi padrastro. Era su supervisor en la línea de producción, un hombre de voz grave y mirada cansada. Fue en esos talleres, entre telas y agujas, donde muchas mujeres puertorriqueñas tejieron su historia de resistencia: jornadas dobles en el trabajo y triples en casa, donde seguían siendo madres, cocineras y guardianas del hogar sin paga ni descanso.

Mami también salía a vender cosméticos Peggy Newton para completar el dinero de la hipoteca. Hacía presentaciones en las casas de clientes potenciales con la sonrisa firme y la fatiga escondida. A veces la acompañaba mi hermana Lily, que aprendió pronto a andar sola por las calles de Nueva York con el valor de las mujeres que no tienen más remedio que ser valientes. Cuando mami no estaba, Lily tomaba las riendas del hogar. Asignaba tareas, hacía la comida y, si alguno protestaba, imponía su autoridad con amor y un pellizco justo.

Una tarde, mi hermano Adolfo se rebeló porque le tocó limpiar la cocina. Lily le dio un piñazo en el brazo, apenas un gesto, pero él —dramático desde pequeño— se envolvió el brazo con un trapo y esperó a que mami regresara del trabajo. "¡Mira lo que me hizo Lily!", gritó, fingiendo dolor. Mami lo miró por un instante y luego estalló en una carcajada que llenó el pequeño apartamento de risa y alivio. Era una risa rara, necesaria, que perforaba el cansancio y le recordaba que aún había ternura en medio de las carencias.

Pero el cansancio no siempre se disolvía con risas. Los problemas entre mami y papi se hicieron cada vez más frecuentes. Papi había dado el pronto de un edificio en la calle State, con un pequeño ahorro que trajo de Puerto Rico, y en él vivían también mis tíos: Coló, Vitín, Toño y Titi Nina con su esposo,

Jorge Cruet. Entre todos habían acordado ayudar a pagar la hipoteca, pero el dinero no rendía. Los pagos se atrasaron, las tensiones crecieron y la ilusión de prosperidad se vino abajo. Eventualmente, papi tuvo que entregar el edificio y mudarse a un apartamento alquilado, donde la vida siguió, pero con menos luz.

Mis hermanos y hermanas en las navidades de enero de 1956 en Nueva York. De izquierda a derecha: Julito, Lily, María, Aida y Adolfo.

A finales del año 1956, mami quedaría nuevamente embarazada. Conservo una foto tomada poco antes de dar a luz. En ella intenta regalarle a la cámara su mejor sonrisa; abre los brazos como si fuera a declamar un poema aprendido de memoria, como si ese gesto pudiera convencer al mundo —o quizás convencerse a sí misma— de que todo estaba bien. Pero no lo estaba.

Mami embarazada, 1957.

Aquella imagen guarda en silencio el peso de una época marcada por la incertidumbre y el desarraigo. Mami cargaba en su vientre algo más que una vida nueva. Cargaba el cansancio de jornadas interminables, el duelo por un amor que se deshacía, la decepción de un proyecto migratorio que no cumplió sus promesas y la tristeza de saberse extranjera, lejos de su patria y de la red de afectos que la había sostenido.

Su relación con papi ya estaba herida, quizás rota sin nombrarlo. Sabía —aunque no lo dijera— que la familia que había cruzado el mar comenzaba a deshilacharse. Y aun así, allí estaba ella, erguida frente a la cámara, sosteniendo la vida con la misma dignidad con que había sostenido tantas otras cosas.

El 17 de agosto de 1957 me cortaron el cordón umbilical que me unía a ella. Siempre me dijo que lloró cuando nací, y que yo lloré con ella. No fue solo el llanto natural de un parto, sino un llanto compartido, como si ambos presintiéramos desde ese primer instante la dureza del camino que nos esperaba. Ella lloró por el miedo, por el agotamiento, por la vida que no resultó como la había imaginado. Yo lloré, quizás, porque nacía en medio de carencias, rupturas y esperanzas frágiles.

Aquel día no solo nací yo. También nació una nueva etapa de su resistencia silenciosa.

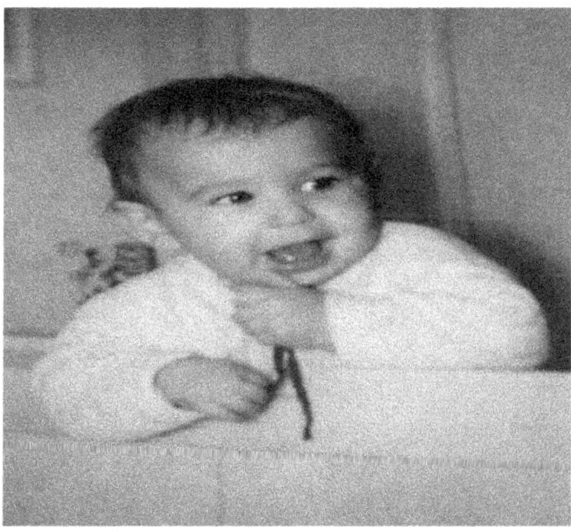

Única foto que conservo de bebé.

Mami hablaba con frecuencia de regresar a Puerto Rico, o al menos de enviar a mis hermanos mayores a la isla, a la casa de mis abuelos y de mi tía Nina, quien ya se había separado de su esposo y había vuelto a Guayama. Su voz sonaba cansada, como si cada palabra arrastrara el peso de los años vividos en el norte. A veces, en las tardes grises del invierno, se quedaba mirando por la ventana con los ojos fijos en un punto invisible, como si el recuerdo de la brisa del Caribe la visitara por un instante antes de desvanecerse entre el ruido de los trenes y los gritos de los niños jugando en la calle.

Aunque mis hermanos se fueron adaptando al sistema educativo de la ciudad, mi hermano mayor sufrió más que los demás. Le costaba aceptar que el idioma, los modales y hasta la forma de decir su nombre debían cambiar para poder encajar. Un día regresó de la escuela con el rostro encendido y los ojos húmedos. Su maestra le había dicho que no debía decir que era puertorriqueño, que era mejor decir que era "americano". Esa frase lo atravesó como una espina. "¿Cómo voy a negar quién soy?", gritó en casa, con una furia que mezclaba orgullo y desconsuelo. "¡Yo soy puertorriqueño, y nadie me va a quitar eso!".

Aquella tarde, la rabia lo desbordó tanto que exigió entre lágrimas que mami lo enviara de vuelta a la isla. Decía que prefería vivir pobre en Guayama antes que quedarse en un país donde una maestra americana pretendiera borrarle el alma. Mami lo escuchó en silencio, con el corazón hecho pedazos, porque entendía bien lo que su hijo sentía: esa nostalgia honda, esa herida invisible de los que viven entre dos mundos.

Y aunque no lo dijo, en el fondo ella también soñaba con regresar, con desandar el viaje que la había traído hasta aquella ciudad fría, donde el cielo se cerraba sobre los edificios y los recuerdos eran el único refugio cálido que le quedaba.

Así fue como mi familia, como tantas otras, pasó a ser parte de la gran historia de la emigración puertorriqueña: mujeres que cosían, limpiaban, cocinaban y vendían para sostener hogares en un país que no las veía; hombres que cargaban con la frustración de no poder cumplir la promesa de un futuro mejor. Y en medio de ellos, los hijos —nosotros— que aprendíamos, sin saberlo, el precio de la necesidad y de las ausencias.

6
Histeria, ataque de nervios y el Puerto Rican Syndrome

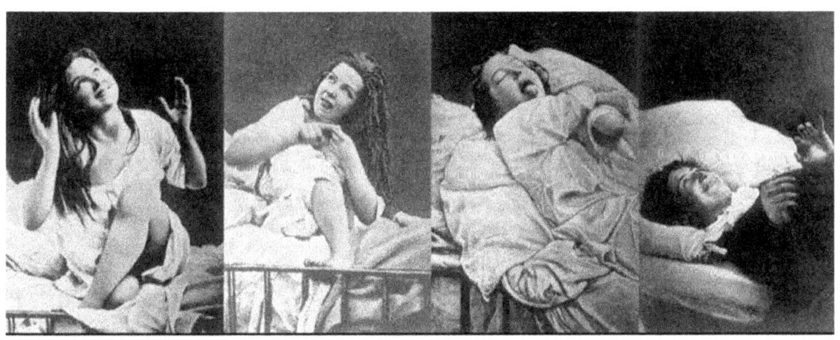

Hysteria) D.M. Bourneville and P. Régnard [16]

"No es señal de buena salud estar bien adaptado a una sociedad profundamente enferma."
— Jiddu Krishnamurti

Una tarde, viviendo en la calle State, en Nueva York, mi madre llegó a la casa y encontró a papi bebiendo con unos amigos y unas mujeres que ella no conocía. Aquella escena encendió en ella una chispa que pronto se convertiría en un incendio. Mami le pidió el divorcio, pero él se negó. Creo que los traumas de su vida —la muerte de Tatito, la emigración, la ruptura con su esposo y la soledad en un país ajeno— comenzaron a acumularse en su cuerpo como una tormenta contenida.

Los médicos y psicólogos de la época, incapaces de entender el dolor detrás del comportamiento, la clasificaron bajo las etiquetas de histeria, ataque de nervios o, más tarde, el Puerto Rican Syndrome (síndrome puertorriqueño)[17]

Era el modo elegante que tenía la sociedad para nombrar —y por tanto domesticar— la desesperación de las mujeres pobres, inmigrantes y latinas que se atrevían a quebrarse. Se decía que el "síndrome" era exclusivo de las culturas del Caribe y que afectaba sobre todo a las mujeres, aunque también se

[16] Imagenes de dominio publico sobre hysteria tomadas de : https://picryl.com/collections/hysteria-c51ac8

[17] Fritsher, L. "Understanding the Puerto Rican syndrome (*ataque de nervios*)", *Verywell Mind*, enero de 2020. https://www.verywellmind.com/ataque-de-nervios-2671733

registraban casos en hombres. Pero lo cierto es que se trataba de un diagnóstico con más prejuicio que ciencia, un reflejo de la incomodidad que causaba ver a las oprimidas reaccionar ante la injusticia.

Los síntomas eran una letanía de sufrimientos comunes: miedo intenso, ataques verbales o físicos, gritos incontrolables, desmayos, convulsiones, una sensación de calor que subía desde el pecho hasta la cabeza, opresión en el pecho, palpitaciones. El cuerpo gritaba lo que la sociedad no quería escuchar.

Decían los psiquiatras que esos episodios eran "nervios" o "locura tropical", pero en realidad eran la manifestación más humana del agotamiento, la rabia y la pérdida. Era la forma en que las mujeres resistían sin saberlo: desbordándose.

El llamado Puerto Rican Syndrome, o "mal de pelea", como también se le conoció, no era más que la reencarnación moderna de una vieja invención patriarcal: la histeria. Desde tiempos inmemoriales, el sistema había etiquetado a los cuerpos femeninos con nombres elegantes para controlar lo indomable.

En la antigüedad, egipcios y griegos creían que la histeria era provocada por un útero errante que, moviéndose dentro del cuerpo, causaba ansiedad, llanto y convulsiones. La palabra misma, hysteron, significa útero. Aquella visión misógina sugería que bastaba con el matrimonio o la actividad sexual para mantener el útero —y, por extensión, a la mujer— en su lugar. Aristóteles e Hipócrates sostenían que una mujer sin sexo era un peligro para sí misma.[18]

Durante la Edad Media, esa ignorancia se transformó en terror. Las mujeres que sufrían histeria eran acusadas de estar poseídas por demonios y sometidas a exorcismos, torturas u hogueras. La Inquisición asesinó entre cuarenta y sesenta mil mujeres, muchas de ellas culpables solo de pensar, leer o desear libertad. La histeria fue, entonces, una condena disfrazada de diagnóstico.[19]

Ni siquiera el Renacimiento, con sus avances, liberó a las mujeres de esa prisión simbólica. Las "curas" incluían sangrías, masajes pélvicos,

---

[18] Tasca, C., Rapetti, M., Carta, M. G., & Fadda, B. "Women and hysteria in the history of mental health", *Clinical Practice and Epidemiology in Mental Health*, vol. 8, 2012, p. 110. https://www.ncbi.nlm.nih.gov/pmc/articles/PMC3480686/

[19] Montesano, Marina. "Caza de brujas: la sombra del demonio sobre Europa", *National Geographic Historia*, Universidad de Génova, 29 de octubre de 2024. https://historia.nationalgeographic.com.es/a/caza-brujas-sombra-demonio-sobre-europa_22502

matrimonios forzados y, ya en el siglo XIX, la invención del vibrador eléctrico, utilizado por médicos para "calmar" a sus pacientes. La histeria se volvió el diagnóstico universal para cualquier mujer que osara ser diferente, rebelde o simplemente triste.

Cuando llegó Freud, el escenario cambió, pero no el guion. La histeria dejó de ser corporal para convertirse en mental. Sin embargo, Freud perpetuó otra forma de violencia al atribuir el malestar femenino a la "envidia del pene" o la insatisfacción matrimonial. La ciencia, como la religión antes que ella, seguía utilizando sus teorías para domesticar el alma femenina.

Y mientras en Europa se desacreditaba el concepto de histeria, en Estados Unidos —particularmente en los años cincuenta— nació el Puerto Rican Syndrome. Médicos del ejército lo observaron por primera vez en soldados puertorriqueños: hombres jóvenes, pobres, arrancados de su tierra y lanzados a la guerra. Bajo el estrés del combate, algunos sufrían convulsiones, gritaban, se desmayaban o echaban espuma por la boca. Los doctores, incapaces de entender los traumas de la colonización y la pobreza, los llamaron "casos exóticos" de histeria caribeña.

Con el tiempo, ese mismo diagnóstico fue aplicado a las mujeres latinas pobres de Nueva York, madres exhaustas que enfrentaban triple jornada laboral, racismo institucional y abuso doméstico. Su dolor se tradujo en un expediente psiquiátrico. El "ataque de nervios" fue incorporado al *Manual de Diagnóstico y Estadística de Trastornos Mentales* como un "síndrome culturalmente ligado a la población latina". Una definición aséptica para una realidad insoportable.

La psicoanalista Patricia Gherovici[20] lo dijo con lucidez: "patologizar las respuestas de las mujeres migrantes es una forma de colonización emocional. Llamar 'enfermedad' a la rebeldía o al llanto de una mujer pobre es perpetuar un proyecto imperialista de control".

No fue sino hasta 1980 que la Asociación Americana de Psiquiatría eliminó la 'neurosis histérica' de su lista de enfermedades.[21] Pero la palabra "histérica" sigue viva —como insulto, como desdén, como etiqueta para silenciar a las mujeres que alzan la voz.

Vivimos aún bajo un sistema que prefiere medicar antes que escuchar, que prefiere diagnosticar antes que transformar. El patriarcado y el capitalismo

[20] Gherovici, P. *The Puerto Rican Syndrome*. Other Press, LLC, 2003.

[21] Planned Parenthood South, East and North Florida. "The history of hysteria and how it impactsyou."https://www.plannedparenthood.org/planned-parenthood-south-east-north-florida/blog/the-history-of-hysteria-and-how-it-impacts-you

siguen siendo los dos rostros de un mismo monstruo que se alimenta de los cuerpos de las mujeres, de la clase obrera, de los pueblos marginados.[22] Y así, en medio de esa realidad, mi madre también fue absorbida por el diagnóstico.

Uno de los recuerdos más traumáticos de mi infancia ocurrió durante uno de esos llamados "ataques de nervios". Yo tendría unos cuatro años. Al salir de un centro de cuido y llegar frente al edificio de apartamentos donde vivíamos, vi desde la acera cómo volaban por la ventana sillas, ropa y pedazos de nuestra vida. Los gritos caían junto con los muebles, rebotando entre las paredes del vecindario.

Alguien me sostuvo para impedir que subiera. Escuché que alguien gritó: —No dejen subir a Johnny; Ada está otra vez histérica, con un ataque de nervios.

Pero me revolví con la desesperación de un animalito. Mordí, pataleé y arañé hasta que logré soltarme y corrí escaleras arriba.

Cuando entré al apartamento, mami estaba lanzando lo poco que quedaba. La llamé: —¡Mami! ¡Mami, no!

Corrí hacia ella y me abracé a sus piernas, enterrando el rostro bajo su falda.

Entonces, en medio del caos, ella me alzó. Me apretó tan fuerte contra su pecho que sentí cómo me atravesaban su calor, su ternura y su miedo. Ese abrazo fue mi primera lección de amor y de supervivencia: la de una mujer que, aun quebrada, seguía protegiéndome.

Poco después, mami fue internada en un hospital. Su supervisor de la fábrica de costura —Santos, quien con el tiempo se convertiría en mi padrastro— fue quien se preocupó por su ausencia y la ayudó a salir de allí. Con el paso de los días, se fue acercando a ella, ofreciéndole consuelo, compañía, una promesa de estabilidad. Mami, tal vez agotada de tanto abandono, aceptó esa mano extendida, creyendo que era un puerto seguro. Pero el destino le tenía preparada otra lección amarga.

Papi, incapaz de soportar el deterioro, finalmente se marchó. Antes de irse, le dijo a mi hermano Adolfo —mi querido Puchy— que debía abandonar la casa, porque ya no podía vivir con mami. Mi hermano lloró desconsolado.

---

[22] Albiñana Durá, Joanna. "La histeria como herramienta de control patriarcal." *Psicología Feminista*, 2022.https://hablemosdefeminismo.com/la-histeria-como-herramienta-de-control-patriarcal/

Papi junto a Adolfo en la calle State en Nueva York

Mami pasó a vivir con Santos, junto a mis hermanas Aida y María y conmigo a un pequeño apartamento en la calle Garfield Place, en Brooklyn. Mis hermanos mayores y mi hermana Ada (Lily) regresaron a Puerto Rico, al pueblo de Guayama, para vivir con mis abuelos y con Titi Nina. Era el año 1961, y así se fracturó nuestra familia, dividida entre dos orillas del mismo dolor.

Junto a mis hermanas Aida y María en Brooklyn, Nueva York 1962.

7
Carioca, "donde el viento achueca los pollos"

Santos solía reírse del barrio de Carioca, en Guayama, y cada vez que mami amenazaba con regresar a Puerto Rico, él soltaba su frase favorita, mitad burla, mitad advertencia:

—¿Otra vez para Carioca, donde el viento achueca los pollos? ¿Y qué vas a hacer allá?

De niño, esa expresión me hacía reír. Imaginaba a los pobres pollos tambaleándose bajo un viento travieso que los torcía como flores flacas. Pero con el tiempo entendí que aquella frase escondía algo más que humor: era el desprecio de quien no comprende que el regreso al hogar no es un retroceso, sino una forma de salvación.

Poco antes de cumplir los cinco años, en 1962, mami decidió volver. Nos fuimos a Puerto Rico —ella, mis hermanas María y Aida y yo— dejando atrás el invierno, los edificios y el ruido de Nueva York. Volvimos al calor y a los zancudos, al olor a tierra mojada y café colado. Nos instalamos en el barrio de Carioca, junto a mis abuelos maternos, mi hermana y hermanos mayores, mis tíos, tías, primos y primas. Allí me celebraron mi quinto cumpleaños: recuerdo un bizcocho hermoso, una guagua de juguete del tamaño de mis sueños y la sonrisa de mami, que esa tarde parecía más ligera que de costumbre.

Junto a Mami, mis hermanas y hermanos en Carioca

La casa de mis abuelos era de madera, con techo de zinc que cantaba bajo la lluvia. No había baños con tuberías ni alcantarillado, solo una letrina al fondo del patio, hecha de tablas viejas, que para mí era el sitio más aterrador del mundo. Aquello parecía una guarida de sapos, lagartijas, cucarachas voladoras y alguna que otra culebra aventurera. Ir al baño era un acto de valor que se hacía con linterna y corazón acelerado.

Mi abuelo, Juan Gualberto Luna, había levantado aquella casa con sus propias manos. A él le decíamos "papá". Era el patriarca indiscutible, un hombre alto, de casi seis pies, de voz grave y mirada firme. Para mí, un gigante. Cuando se sentaba en la sala, nos gustaba jugar a sentarnos frente a él, pero había que estar alerta, porque tenía la costumbre de pellizcarnos la espalda y los pies con los dedos de sus pies, sin previo aviso, solo para reírse de nuestras carcajadas nerviosas.

Papá imponía respeto. Y respeto solía ser sinónimo de miedo. En nuestra cultura patriarcal, el miedo es el lenguaje del orden y la obediencia. Nadie discutía sus decisiones; los niños no hablaban cuando los adultos estaban en la mesa, y menos aún durante la cena, ese ritual sagrado donde debía reinar el silencio absoluto. Llegar tarde o interrumpir era motivo de castigo. Más de uno sintió en la piel el zumbido del látigo improvisado: una rama de gandul cortada con precisión.

Pero, pese a su severidad, papá también tenía un extraño modo de ternura. Su rectitud no le impedía querer, solo sabía hacerlo a su manera: en el orden, en la disciplina, en el deber. Y a pesar de los miedos que nos infundía, lo queríamos con la devoción que los niños reservan a sus gigantes.

En una de las fotos de mi cumpleaños, aparezco algo sonriente, con un sombrerito de papel, mi bizcocho al frente y unos globos de colores sobre mi cabeza. Estoy de pie junto a mi abuela, tomándola de la mano, como si su tacto fuera el único lugar seguro del mundo. Ella sonríe con dulzura. Mi abuelo, a mi extremo izquierdo, mantiene la misma expresión seria de siempre, ajeno a la cámara.

Junto a mi abuela y mi abuelo en mi cumpleaños.

Dicen que cuando era joven, papá era "de armas tomar". Algunos contaban —siempre en voz baja— que había conquistado a mi abuela a punta de pistola, arrebatándola de los brazos de su primer marido. Nunca supe si aquella historia era cierta, pero en las familias antiguas, las leyendas se vuelven verdades y las verdades, leyendas.

En aquella casa de Carioca la vida era simple, dura y hermosa. Las tardes olían a café y a guayaba, los niños jugábamos descalzos en la tierra caliente y los adultos hablaban en murmullos de política, de la iglesia, del precio del arroz. En las noches, los murciélagos entraban por los aleros del techo, y mis primos, Tato y Jorge, salían a cazarlos con valentía. Una vez lograron atrapar uno y, entre risas y gritos, lo asaron en una pequeña fogata.

—¡Mira, un murciélago a la varita! —decían, riéndose con esa alegría salvaje de los niños que no conocen el miedo al absurdo.

Aunque nuestra estadía en Carioca no fue larga, su recuerdo quedó grabado en mi memoria con una nitidez casi mágica. Fue allí donde aprendí lo que era pertenecer a una familia extendida, con todos sus ruidos, cariños y tensiones. Donde comprendí que el amor y el miedo pueden convivir bajo el mismo techo de zinc, y que la infancia, aun en la pobreza, puede ser una fiesta cuando hay risas, primos y un trozo de cielo al que mirar.

El regreso no se anunció. Un día simplemente estábamos haciendo maletas.

A veces pienso que Santos tenía razón en parte: en Carioca, el viento realmente achuecaba los pollos… Pero también enderezaba las almas.

Celebrando mi 5to cumpleaños

8
De regreso a Garfield PL

Mami regresó a Nueva York, arrastrada quizá por la promesa de Santos o por esa fuerza invisible que mantiene a tantas mujeres dentro del círculo adictivo de la violencia patriarcal.[23] En Guayama quedaron mis hermanos y hermanas mayores bajo el cuidado de mis abuelos, mientras mami volvió a empezar su vida —otra vez— en el norte, con nosotros, los más pequeños, a cuestas, y con la esperanza obstinada de que esta vez todo sería distinto.

La foto tomada en junio de 1964 la muestra sentada en la cama junto a Santos. Ambos sonríen; parece un instante feliz, detenido en el tiempo. Pero las fotos —como los recuerdos— saben mentir con delicadeza. En ellas no se escucha el silencio entre las palabras, ni los temores que laten detrás de las sonrisas.

Mami junto a Santos en el apartamento de Brooklyn, NY.

Nos volvimos a instalar en aquel apartamento de la calle Garfield Place, en Brooklyn. Era un edificio de ladrillo marrón con escaleras empinadas y

---

[23] Preferimos utilizar el concepto de violencia patriarcal en lugar de violencia doméstica (conforme a la autora feminista afronorteamericana bell hooks) porque la violencia patriarcal está ligada al sexismo y a la dominación masculina, y además esta violencia no incluye solo a las mujeres sino también a los niños y niñas, que muchas veces son víctimas también de esa violencia, incluso ejercida por mujeres en el seno de una familia patriarcal. Véase: bell hooks, *El feminismo es para todo el mundo* (traducción de *Feminism is for Everybody*, South End Press, 2000), trad. Beatriz Esteban Agustí, Lina Tatiana Ruiz, Mayra Sofía Moreno, Mayra Puertas Romo y Sara Vegas González, 1ª ed., Traficantes de Sueños, mayo de 2017, p. 17.

paredes que olían a humedad, cigarrillo y alcohol. Allí comenzaría una nueva etapa que, aunque breve, marcaría mi infancia de formas que solo muchos años después pude entender.

Me matricularon en la escuela PS 77 —que, tras una remodelación, pasaría a llamarse PS 321—, y fue allí donde descubrí que poseía un don extraordinario, o al menos eso creía: el poder de controlar telepáticamente a mi maestra, Miss Mildy.

Era una mujer alta, de rostro pálido, severo y modales rígidos, que castigaba a la clase entera cuando alguien se comportaba mal. Nos hacía ponernos de pie con las manos entrelazadas detrás de la cabeza, mientras ella caminaba entre los pupitres con el sonido autoritario de sus tacones. A mí me parecían horas, pero en realidad no pasaban más de quince minutos.

Un día, mientras soportaba aquel castigo, cerré los ojos y, sin saber por qué, me concentré en desear algo con toda la fuerza de mi mente: que me dejara sentar. Y sucedió. Miss Mildy, sin mirar a nadie más, me permitió quedarme sentado en mi pupitre, coloreando en mis cuadernos, mientras los demás niños seguían de pie.

No supe si fue suerte o milagro, pero sentí una mezcla de poder y vergüenza. Poco después, arrepentido de haber utilizado mi nuevo don solo para mí, le pedí en silencio que nos llevara a todos al recreo.

A los pocos minutos, Miss Mildy anunció con voz inesperadamente suave:

—Children, let's go outside for a break.

Esa tarde salimos al patio bajo un sol que parecía bendecir mi secreto. Corrí, reí, sentí que el mundo obedecía mis pensamientos. Tan maravillado estaba que decidí contarles a mis hermanas María y Aida lo que había descubierto.

Me escucharon con atención y, cuando terminé, estallaron en carcajadas. Rieron tanto que creí que iban a ahogarse. Desde entonces, estoy convencido de que fue aquella burla la que rompió el hechizo. Nunca volví a tener ese poder.

Nuestra vida en Garfield Place transcurría en un encierro casi total. Mami y Santos no permitían que saliéramos solos; las calles del vecindario eran consideradas peligrosas, y el mundo exterior parecía lleno de amenazas invisibles.

Salíamos solo bajo su supervisión, o cuando mi hermana Aida —a quien todos respetábamos por su temple— se encargaba de cuidarnos.

Las tardes eran largas y silenciosas. A veces nos sentábamos en el sofá gastado del apartamento, mirando la televisión en blanco y negro. Mami, con el cabello recogido y una mirada distraída, parecía ausente incluso cuando sonreía. Santos, con su eterna camisilla blanca, se mostraba cariñoso en presencia de los demás, pero su sombra llenaba los rincones.

Hay una foto de aquellos días: mami, mis hermanas y Santos. Yo estoy sentado en el centro del sofá; estamos todos elegantemente vestidos en el apartamento de Brooklyn. Todos miramos a la cámara, pero cada rostro cuenta una historia distinta.

En el sofá del apartamento de la calle Garfield Place en Brooklyn, junto a mami, mis hermanas Aida y María, y Santos.

En el gesto de mami hay una mezcla de amor y resignación, la sonrisa de quien ha aprendido a posar para la vida, aunque duela.

Justo detrás de nosotros, sobre nuestras cabezas y pegado a la pared, cuelga un enorme cuadro de Jesús Sanador.

Brooklyn en esos años era una ciudad que rugía y crecía al mismo tiempo que nosotros. Afuera, los motores de los camiones de basura gritaban como bestias de hierro, y en el apartamento las ventanas vibraban con su paso.

Adentro, en nuestro pequeño mundo de paredes beige y secretos no dichos, la infancia se desplegaba entre el miedo y la imaginación.

Nunca volví a ver a Miss Mildy ni a intentar controlar la mente de nadie. Pero a veces, cuando pienso en esos días, creo que aquel poder no era una fantasía: era la intuición natural de los niños que buscan transformar la realidad —una forma de resistencia mágica ante lo que no pueden cambiar.

9
Mi primera comunión y el problema racial

Junto a mami frente al edificio de la calle Garfield Place

Mami me vistió con un pequeño traje oscuro y una corbata blanca que me apretaba el cuello. Recuerdo sus manos temblando mientras me acomodaba el cuello de la camisa, como si en ese gesto quisiera dejar en orden el mundo entero.

Al salir de la ceremonia, me tomaron una foto frente al edificio donde vivíamos. Ella estaba a mi lado, sonriente y elegante, con un vestido de botones y el cabello perfectamente arreglado. A mi corta edad, no sabía que aquella sonrisa escondía también un sabor amargo: el de la humillación reciente.

La Iglesia de Saint Frances tenía un colegio católico anexo, donde mami soñaba con matricular a mi hermana Aida. Era una escuela bien reputada, con uniformes impecables y profesores que hablaban con esa voz que parece venir de otro mundo. Mami, con su acento del sur de la isla y su tenacidad de madre que no se rinde, había ahorrado lo suficiente para pagar la matrícula. Pero el dinero no bastaba.

Aida era brillante, disciplinada, aplicada. Pero en esa oficina, frente al funcionario del colegio, nada de eso importó. No era suficientemente blanca. No era suficientemente norteamericana.

Recuerdo que mami regresó a casa con el rostro encendido de rabia. No gritó, no hacía falta. Su silencio era un golpe seco en el aire. Después supe lo que había pasado: el rechazo no había sido académico ni económico, sino racial. En pleno corazón de Nueva York, en los años sesenta, aún se les negaba a los nuestros el derecho a pertenecer.

El racismo —ese fantasma que los Estados Unidos nunca ha querido exorcizar— estaba vivo y respirando entre las paredes de las iglesias, las escuelas y los tribunales. Aunque en 1954 el Tribunal Supremo había decidido, en el caso Brown v. Board of Education, que la segregación racial en las escuelas públicas era inconstitucional,[24] la promesa se quedó en el papel. Aquella decisión solo se aplicaba a las escuelas públicas, y ni siquiera allí fue plenamente cumplida. En los estados del sur, más del ochenta por ciento de las escuelas siguieron segregadas después de 1965. En el norte, donde supuestamente no existía discriminación, la separación se disfrazaba de geografía y de matrícula privada. Las familias blancas se mudaban a los distritos con más recursos, mientras las negras y latinas quedaban confinadas a los barrios pobres. El color de la piel seguía decidiendo el destino de los niños y niñas, igual que antes de la sentencia histórica.

Décadas después de aquel fallo, la herida sigue abierta. Los rostros cambian, los discursos se maquillan, pero la raíz permanece: el racismo es la columna vertebral de una nación que se niega a reconocerse en su espejo.[25]

Recuerdo la expresión de mami aquel día como si aún la tuviera frente a mí. No era solo enojo, sino una mezcla de tristeza y dignidad herida. En su interior, debía dolerle más saber que su hija había sido rechazada no por lo que era incapaz de aprender, sino por aquello que no podía cambiar: el color de su piel y su acento.

Aida siguió estudiando en la escuela pública que quedaba más distante de Garfield Place y donde las aulas eran más frías. Pero la recuerdo siempre

---

[24] *Brown v. Board of Education*, National Archives, disponible en: https://www.archives.gov/milestone-documents/brown-v-board-of-education

[25] El racismo de ayer no ha desaparecido. Los letreros de "solo blancos" continúan hoy en los formularios, políticas, leyes, órdenes ejecutivas y decisiones discriminatorias del Tribunal Supremo federal. Los látigos y linchamientos de ayer continúan hoy con los atropellos y ejecuciones extrajudiciales cometidos por la policía, los agentes de inmigración (ICE) y la marina de guerra estadounidense en contra de negros, hispanos y latinos. El racismo sigue ahí, abusando, asesinando y dividiendo familias, escuelas, barrios, hospitales y oportunidades.

erguida, con sus cuadernos bien forrados, con la misma determinación silenciosa de mami. Ambas sabían que la educación era su única arma contra un mundo que las quería pequeñas.

Mami y tantas otras mujeres como ella no necesitaban que nadie les explicara lo que era el racismo. Lo habían vivido en las miradas, en los rechazos, en las puertas que se cerraban. Y sin embargo, siguieron adelante, educando a sus hijos con la terquedad luminosa de quienes insisten en el valor y respeto a la dignidad humana.

Hoy, cuando miro esa fotografía de mi primera comunión —ella y yo frente al edificio de Garfield Place, los escalones detrás, el viento de Brooklyn rozándonos el rostro— pienso en lo que aquella imagen representa: la fe como refugio y la resistencia como forma de amor.

10
La mica tricolor

Imagen de Christopher Reeves, de dominio público, como Superman en Wikipedia Commons

En aquellos años teníamos un televisor en blanco y negro, un enorme mueble de madera que ocupaba medio salón y zumbaba como si dentro vivieran grillos. No existía el control remoto: había que levantarse, girar la perilla y golpearlo con la palma si la imagen se llenaba de nieve. Cada canal era una aventura. Y cada programa, una lección invisible de lo que el mundo esperaba que fuéramos.

Mis favoritos eran *I Dream of Jeannie*, *Bonanza*, *Bewitched*, *Time Tunnel*, *I Love Lucy*, *Voyage to the Bottom of the Sea* y, por supuesto, *Superman*, interpretado por George Reeves. Aquel héroe invencible, con su capa ondeando al viento, parecía capaz de enderezar todos los males del mundo. Cuando supe que el actor había muerto —dicen que de un disparo, aunque algunos aseguraban que intentaba comprobar si las balas no podían herirlo— sentí una tristeza extraña, como si el bien hubiera perdido su escudo. Más tarde hablarían de una "maldición de Superman", y otro actor, décadas después, del mismo apellido, Christopher Reeve, quedaría parapléjico tras un accidente.

Sin embargo, lo que más me marcó del segundo Reeve no fue su vuelo en el cine o la televisión, sino su fuerza en la vida. Confinado a una silla de ruedas, pronunció en la Convención Demócrata de 1996 unas palabras que se me quedaron grabadas: que si Estados Unidos era realmente una familia, debía reconocer que muchos de sus miembros estaban sufriendo, y que ninguna nación comprometida con ese ideal podía tolerar la discriminación.[26]

En un mundo que idolatraba la perfección física y la fuerza masculina, Reeve nos recordó que la verdadera heroicidad no estaba en volar, sino en respetar la dignidad humana.

Pero el héroe de Santos no era *Superman*; era *el Santo*, *el Enmascarado de Plata*, ese luchador mexicano que se batía contra vampiros, momias y criminales con la seriedad de un mesías popular. Según algunos, el Santo era «el rito de la pobreza, el consuelo del pueblo peleonero ante la gran tragedia que es la vida».[27] Santos lo adoraba y, en sus borracheras, juraba que él mismo era el verdadero Santo. Se subía la manga de la camisa para mostrar sus músculos y gritaba: —¡Mira, Johnny, estos son los molleros del *Enmascarado de Plata*!

Yo lo miraba con una mezcla de asombro y duda. Una vez, movido por la curiosidad infantil, revolví entre sus cosas buscando la mítica máscara plateada. No la encontré. En su lugar, hallé algo mucho más inquietante: un pequeño retrato de una niña vestida de blanco, con un gato en brazos, junto a unas fotografías de mujeres desnudas y una vela de iglesia apagada.

---

[26] *Christopher Reeve, discurso en la Convención Nacional Demócrata (DNC), 1996*. Disponible en: https://www.americanrhetoric.com/speeches/christopherreeve1996dnc.htm

[27] Monsiváis, Carlos (6 de noviembre de 2014). *Los rituales del caos.* Ediciones Era. ISBN 97866074451672..

Foto de Migdalia, (Laly) y su gato

Años más tarde supe que aquella niña era Migdalia, la hija que Santos había tenido antes de conocer a mami.

Cuando el alcohol ya le había ablandado la lengua, Santos nos hacía jugar a lanzar monedas contra la pared. El premio era un jarrito lleno de centavos y algún que otro vellón. En esas tardes, el apartamento se llenaba de risas breves y tensas, porque sabíamos que la alegría podía cambiar de humor con el primer trago de más.

Una tarde llegó con un invento que revolucionaría nuestra sala: una mica de plástico transparente, con tres franjas de color —azul, rosa y verde— que había comprado en la tienda Woolworth, y pegó sobre la pantalla del televisor. "Ahora sí", dijo triunfante, "tenemos televisor a colores". Y en efecto, el mundo se llenó de tonalidades imposibles: los cielos eran azul eléctrico, las caras se dividían entre rosa y verde, y los héroes parecían extraterrestres.

El único televisor verdaderamente a color estaba en el apartamento de los Rivas, los dueños del edificio del 170 ½ de la calle Garfield Place. Don Luis Rivas era un hombre orgulloso de su mueble gigante, una joya tecnológica que nos permitía, a nosotros, sus vecinos, ver *Bonanza* y *Voyage to the Bottom of the Sea* con el esplendor de los sueños. Fue allí donde entendí por primera vez que el color también podía ser un símbolo de privilegio.

Durante mi niñez, las figuras de *Superman* y *El Santo* moldearon silenciosamente el ideal masculino de la época. Fuerza, autoridad, coraje, dominio. Los hombres salvaban, las mujeres esperaban. La violencia era una virtud, la ternura una debilidad.

Todo estaba cuidadosamente diseñado. Desde 1930, el Motion Picture Production Code, conocido como el Código Hays, había impuesto un modelo moral al cine y la televisión. No se podía mostrar un beso prolongado, ni una cama compartida, ni un embarazo. Las parejas dormían en camas separadas, las mujeres obedecían, los hombres proveían. Así se inventó el mito de la familia perfecta, blanca, heterosexual y patriarcal. [28]

El programa *I Love Lucy* fue un punto aparte. Lucille Ball, con su genio cómico y su energía arrolladora, parecía desafiar las reglas. [29] Pero, al final, la narrativa siempre la regresaba al hogar, a los brazos del esposo que la "ponía en su lugar". En algunos episodios, Ricky Ricardo la castigaba dándole palmadas en el trasero, frente a un público que reía sin culpa. Aquello no se veía como violencia, sino como corrección marital. Era el patriarcado riéndose de sí mismo en horario estelar.

Otras series repetían el mismo guion disfrazado de fantasía: *I Dream of Jeannie* mostraba a una mujer mágica, hermosa, rubia y eternamente sumisa a su amo. *Bewitched* contaba la historia de otra bruja poderosa que renunciaba a su magia para no incomodar al esposo. Ambas eran fábulas de obediencia envueltas en risas y colores pastel.

En esas pantallas se aprendía que la mujer debía ser bella, dócil y blanca, mientras que los hombres eran héroes, proveedores y dueños del destino. Esas series mostraban que el amor verdadero siempre incluía una dosis de sumisión y castigo.

Su llamado, sin embargo, no fue suficiente para transformar una industria construida sobre esa misma lógica. En 2018, solo el 17% de los cargos creativos en las cien películas más taquilleras de Estados Unidos estaban ocupados por mujeres. En 2024, ellas representaban apenas el 39% de los

---

[28] Emma Hoback, *First Comes Love, Then Comes Disparage: How the Production Code Impacted Women's Roles in Romantic Comedies*, Bowling Green State University, 2024. Disponible en: https://scholarworks.bgsu.edu/cgi/viewcontent.cgi?article=2084&context=honorsprojects

[29] Anam Rana Afzal, *How Lucille Ball Fought the Patriarchy, While Lucy Ricardo (Indirectly) Contributed to Second-Wave (White) Feminism*, The Graduate Center, City University of New York, febrero de 2018. Disponible en: https://academicworks.cuny.edu/gc_etds/2479/.

personajes principales, mientras que los hombres seguían dominando las historias y los diálogos.[30]

La mirada masculina sigue dominando la cámara.

Esta ausencia de perspectiva femenina tiene un impacto directo en el tipo de películas que se producen y en cómo son representadas las mujeres en ellas. No debe sorprendernos, entonces, que la proyección de imágenes hipersexualizadas y cosificadas de la mujer sea una consecuencia directa de esta desigualdad estructural.[31]

Yo, niño frente al televisor con la mica tricolor, aprendía sin saberlo que los héroes siempre eran hombres. Que la justicia volaba con capa. Que la fuerza se medía en músculos y no en ternura. Y que las mujeres, aunque mágicas, debían esconder sus poderes para no desatar el caos.

Años más tarde, comprendería que ese televisor en blanco y negro —aquel aparato que llenaba el silencio de nuestro hogar con risas enlatadas— fue también una máquina de fabricar sueños ajenos. De tanto mirar, uno terminaba creyendo que la vida debía parecerse a lo que veía en la pantalla.

Y sin embargo, entre todas esas imágenes falsas, había algo real: la voz de mami riéndose con *I Love Lucy*. Su risa, tan libre por unos minutos, era el único color auténtico en aquel mundo que seguía siendo, todavía, en blanco y negro.

---

[30] *Distribución por género de personajes principales en el cine mundial*, Statista. Disponible en: https://es.statista.com/estadisticas/983825/distribucion-por-genero-de-personajes-principales-en-el-cine-mundial/

[31] Danielle Savino, *The Women's Experience in Hollywood: A Brief Feminist History of the American Movie Industry*, Sacred Heart University, 2024. Disponible en: https://digitalcommons.sacredheart.edu/cgi/viewcontent.cgi?article=2373&context=acadfest

11
Patriarcado, masculinidad y Trump

[32]

Tendría unos ocho o nueve años la primera vez que vi al *Enmascarado de Plata, El Santo*, en televisión. Santos se sentaba al borde del sofá con el vaso en la mano, los ojos fijos en la pantalla, y cuando el luchador entraba al ring con su capa y sus músculos inflados, algo en él se encendía. "¡Así es que se ve un hombre!", gritaba, señalando la pantalla con el dedo. Para Santos, aquellos gladiadores de la lucha libre no eran entretenimiento: eran un espejo. En ellos veía reflejado todo lo que el mundo le había enseñado que debía ser: fuerte, invencible, temido. Yo lo miraba a él y luego miraba la pantalla, sin saber todavía que ambas imágenes me estaban enseñando la misma lección.

Años más tarde aquel modelo de masculinidad encontraría su sucesor ideal: Hulk Hogan, un norteamericano de melena rubia, capa brillante y músculos hipertrofiados que encarnaba con descaro todo lo que el ring había prometido siempre —fuerza bruta, dominio e invencibilidad—.

---

[32] Nick Bockwinkel (izquierda) y Hulk Hogan en un evento de lucha libre profesional, 1982 Foto de dominio publico en: https://commons.wikimedia.org/wiki/File:Nick_Bockwinkel_and_Hulk_Hogan,_1982.png

La televisión y el cine de los años cincuenta, sesenta y setenta fueron, sin duda, los grandes catecismos del patriarcado moderno. Desde aquellas pantallas luminosas, se enseñó a generaciones enteras lo que debía ser un hombre, una mujer, una familia y hasta un beso. Las imágenes de entonces eran más poderosas que los sermones: héroes blancos musculosos, esposas sonrientes, hijos obedientes. La belleza tenía color de porcelana; la masculinidad, olor a sudor y poder.

A pesar del rugido de los movimientos feministas que comenzaron a reclamar justicia, el eco de aquellos valores no se extinguió. Al contrario, se enquistó en el alma cultural de Estados Unidos, y desde allí sigue respirando, resistiéndose a morir. Ese sistema, disfrazado de "valores familiares", aún dicta quién merece respeto, quién debe obedecer y quién tiene derecho a hablar.

Hoy la escena se repite, solo que los actores han cambiado de traje. En julio de 2024, en la Convención Nacional Republicana celebrada en Wisconsin, Donald Trump volvió a levantar la bandera de esa vieja masculinidad que nunca se fue. Sus oradores estrella fueron el mismo Hulk Hogan, ya envejecido pero con la melena intacta, y Dana White, el empresario de las peleas extremas de la Ultimate Fighting Championship.

Dos símbolos de la fuerza bruta convertidos en profetas del nuevo patriarcado mediático. [33]

Ambos representaban una idea arcaica de lo masculino: la del hombre invulnerable, que impone respeto a golpes, que confunde autoridad con violencia, que cree que dominar es su derecho natural. Era el mismo guion que los medios nos habían enseñado desde la infancia, solo que ahora con luces de estadio y banderas políticas. Con los años, sus máscaras se cayeron. White fue captado abofeteando a su esposa en un club nocturno,[34] y la exesposa de Hulk Hogan denunció en sus memorias los abusos físicos que sufrió durante más de dos décadas. [35] La violencia, que en pantalla se glorificaba, en la vida real dejaba cicatrices.

---

[33] French, D. (2024, July 28). *Hulk Hogan Is Not the Only Way to Be a Man: Hulk Hogan, Vance, Harris]. The New York Times.* https://www.nytimes.com/2024/07/28/opinion/hulk-hogan-vance-harris.html

[34] Guardian Sport and Agencies. (2023, January 12). *Fighters attack UFC head Dana White's lack of punishment for slapping wife. The Guardian.* https://www.theguardian.com/sport/2023/jan/12/fighters-mock-ufc-president-dana-whites-lack-of-punishment-for-slapping-wife

[35] Hogan, L. (2011). *Wrestling the Hulk: My life against the ropes.* HarperCollins.

Y ahí estaba Trump, el tercer vértice de esa trinidad. Un hombre que construyó su carrera sobre la humillación de otros, que convirtió el insulto en estrategia y la crueldad en espectáculo. Un magnate con graves señalamientos legales —condenado por fraude y hallado responsable civilmente en un caso de violación sexual— y célebre por su desprecio hacia las mujeres, los inmigrantes y las personas con discapacidad. [36]

Su misoginia no era disimulada, sino celebrada. A Alexandria Ocasio-Cortez la llamó "estúpida", a Kamala Harris "una monstrua floja e incompetente", y a Rosie O'Donnell "cerda gorda". Cada palabra, una herida pública. Cada burla, una ovación de su público. [37]

El triunfo de Trump en 2024 no fue un accidente político. Fue el reflejo de una sociedad que sigue venerando la dominación como virtud. Trump no inventó esa estructura de poder, pero sí la encarnó con descaro. Representó al hombre que no pide disculpas, que no duda, que impone. En él, millones de votantes encontraron su espejo.

Ese orden, en su forma más pura, es un sistema de fe. Promete jerarquía y poder a cambio de obediencia y silencio. Trump se convirtió en su predicador, un vendedor de redención a quienes se sentían desplazados por el avance de las mujeres, los inmigrantes, los negros, los pobres, los diferentes. "Make America Great Again" no era un lema político, sino una nostalgia: el deseo de volver a los tiempos en que el hombre blanco mandaba sin ser cuestionado.

El apoyo de los fundamentalistas religiosos a su figura fue el último eslabón de ese credo. Aunque Trump es todo menos piadoso, logró convencer a los guardianes de la moral cristiana de que era su salvador.

Prometió restaurar los "valores tradicionales", proteger a la "familia" y oponerse al aborto, a los derechos LGBTQ+ y a la diversidad.[38]

En nombre de Dios, bendijeron su misoginia.

---

[36] Ervin, M. (2024, June 14). *Donald Trump continues to mock people with disabilities? The Progressive.* https://progressive.org/latest/donald-trump-continues-to-mock-people-with-disabilities-ervin-20240614/

[37] Schwartz, R. (2024, July 22). *73 things Donald Trump has said about women. The Week.* https://theweek.com/donald-trump/655770/61-things-donald-trump-has-said-about-women

[38] Block on Trump's executive orders restricting DEI programs is lifted, *NPR*, 14 de marzo de 2025, https://www.npr.org/2025/03/14/nx-s1-5328791/trump-diversity-executive-order-block

Así, la masculinidad tóxica se vistió de patriotismo y rezó en voz alta. En lugar de admitir la fragilidad humana, la convirtió en pecado. En lugar de abrazar la igualdad, la llamó amenaza.

Pero detrás de ese rugido de testosterona hay miedo. Miedo a perder el control, a dejar de ser el centro, a aceptar que la vulnerabilidad también es parte del ser humano. En esa ansiedad colectiva por no perder el poder, el país eligió a un hombre que prometía devolverles la ilusión de supremacía.

El capitalismo, cómplice eterno de esa estructura, también jugó su papel. En una cultura que idolatra la riqueza, el éxito y la competencia, Trump se presentó como el modelo perfecto del "hombre hecho a sí mismo". Su fortuna —inflada por el espectáculo y la mentira— se convirtió en símbolo de mérito, y su desprecio por la ética, en prueba de carácter.

Hoy, en el siglo XXI, seguimos viviendo bajo el peso de esos mitos: el del hombre fuerte que no llora, el del líder que manda sin escrúpulos, el del héroe que no se quiebra. Pero la verdad es que esa masculinidad que presume poder está hecha de miedo, de fragilidad, de soledad.

Quizás por eso aún necesitamos nuevos héroes. No los que vuelan ni golpean, sino los que escuchan, cuidan, sanan, aman y piden perdón. Hombres que entiendan que la ternura no los debilita, sino que los humaniza. Que la verdadera fortaleza no consiste en dominar, sino en liberar.

Trump, Hogan, White y tantos otros que confunden violencia con virilidad, pasarán. Pero el desafío permanecerá: desmontar los cimientos de una masculinidad enferma que, como una vieja herida, sigue supurando en la historia de todos los pueblos.

El patriarcado es una jaula, y sus barrotes aprisionan tanto a quienes dominan como a quienes son dominados.

12
La Riviera

Una vez más, mami se separó de Santos y regresó a Puerto Rico, en el año 1965. Nos fuimos con ella —mis hermanas María y Aida, y yo— rumbo a la isla, a una casa alquilada en la urbanización La Riviera, en Río Piedras. Aquel nombre tan sonoro prometía un respiro. Allí compartimos la vivienda con mi tía Juanita y mis primos. Yo dormía junto a mis primos en unas literas, como en un campamento improvisado de risas, secretos y sueños.

Titi Juanita, sin embargo, arrastraba una historia de dolor que a veces flotaba en el aire como un rumor de tormenta. Había sido víctima de innumerables abusos de su esposo, un hombre violento que, aun separado de ella, seguía acechándola como una sombra. Era dueño de varios camiones de helados que recorrían las calles con su música alegre y repetitiva, pero en nuestra casa, aquel sonido se convertía en un presagio de miedo. Bastaba escuchar el tintineo de la campanita para que los niños corrieran a esconderse, temiendo que él estuviera cerca.

Mami y Titi, en esos meses en Río Piedras, parecían haber encontrado un breve refugio. Había algo en el sol del Caribe, en las tardes tibias y los murmullos del vecindario que les devolvía una pizca de alegría. En aquel paréntesis de calma, las vi reír juntas, cocinar escuchando música de Bobby Capó y hablar bajito, como si conjuraran un secreto pacto de sobrevivientes.

Nosotros, los niños, vivíamos la magia de la vida sencilla. Jugábamos a la pelota en la calle, hacíamos carreras con tapas de refrescos y competíamos en el "uno, dos, tres, pescao" sobre las aceras tibias. No existían los teléfonos celulares ni las redes sociales; teníamos, en cambio, el privilegio de mirarnos a los ojos.

Por las noches, las literas se convertían en trampolines. Inventábamos piruetas imposibles, y las carcajadas se mezclaban con el ruido de los coquíes. Una vez, jugando a *Superman*, intenté volar de una litera a otra. Aterricé de cabeza en el suelo, con un golpe que me dejó un "chichón" tan grande que parecía un tercer ojo. Mami corrió con una bolsa de hielo, mantequilla y sal —el remedio de las abuelas— y me acarició la frente con una ternura que dolía más que el golpe.

Durante las primeras semanas no teníamos televisor. Pero un vecino, al otro lado de la verja, sí tenía uno y, generoso, lo sacaba al balcón para que los niños del barrio pudiéramos mirar desde afuera. A las cinco de la tarde, cuando sonaban las notas inconfundibles —"más rápido que una bala, más veloz que una locomotora…"—, todos corríamos a treparnos en la verja. Desde allí veíamos *Superman* traducido al español, mientras el viento nos despeinaba y el sol caía lento detrás de los techos.

El vecino no nos echaba; al contrario, se reía con nosotros y, de vez en cuando, nos regalaba caramelos. Tal vez también él encontraba consuelo en aquella pequeña comunidad improvisada, hecha de niños soñando con volar y mujeres tratando de empezar de nuevo.

Pero la felicidad en nuestra familia tuvo nuevamente los días contados. No pasó mucho antes de que mami volviera a empacar las maletas. La rutina del abandono y el regreso —ese ciclo cruel que aprisiona a tantas mujeres maltratadas— volvió a repetirse. Regresamos a Brooklyn, al mismo frío, a la misma sombra. Titi Juanita, por su parte, terminó volviendo a Guayama. Al poco tiempo, reanudó la relación con su esposo.

El patriarcado tiene esa capacidad perversa de disfrazarse de amor. Las mujeres vuelven porque esperan que el monstruo cambie, porque no hay refugios ni justicia, porque la culpa se les pega al cuerpo. Mami y Titi no eran débiles, eran sobrevivientes de una época que no les ofrecía más que resignación.

Los efectos de aquella violencia se prolongaron más allá de sus vidas. Mis primos cargaron las cicatrices invisibles del miedo. Uno cayó en el alcohol y las drogas, terminando en prisión tanto en Puerto Rico como en los Estados Unidos. Otro vivió una relación tormentosa que acabó en tragedia: su pareja y el amante de esta lo asesinaron y abandonaron su cuerpo en un pastizal.

A veces pienso que el eco de aquellos camiones de helados —la música alegre escondiendo el horror— simboliza lo que fue nuestra infancia: una melodía dulce y engañosa bajo la cual se ocultaban el miedo, la violencia y la pérdida.

13
Mi primera visita al dentista

Poco tiempo después de nuestro regreso a Brooklyn, recuerdo que Santos me llevó a una clínica dental. Aún no sé si fue por sentido del deber o simple insistencia de mami, pero aquel día quedó grabado en mi memoria como una pequeña batalla perdida entre el miedo y la carne.

Yo tenía unos siete años, y frente a mí se alzaba el dentista más aterrador que uno pudiera imaginar: un hombre enorme, de manos gruesas como las de Popeye y dedos torpes que parecían diseñados no para curar, sino para escarbar el miedo. Vestía una bata blanca que olía a cloro y metal.

El monstruo se inclinó sobre mí con una aguja tan grande que parecía sacada de un taller de carpintería. Intentó anestesiarme la boca para extraerme un diente cariado. Pero lo hizo con tal torpeza, con tan poca delicadeza, que el pánico me subió por la garganta. Fue un impulso instintivo, casi animal: cerré la boca y lo mordí. Lo mordí con toda la fuerza del miedo. Una, dos, tres veces.

El grito que soltó aquel hombre debió haberse escuchado hasta en la otra cuadra. Santos, que estaba sentado justo a mi lado, se levantó de golpe. No podía creer lo que había visto. Solo alcanzó a repetir una y otra vez: —*I'm sorry, doctor… I'm sorry.* El dentista, furioso, le gritó: —*Take him out of here! Leave! Leave!*

Santos me tomó de los brazos y me sacó casi a rastras de aquella cámara de tortura. Yo no dejaba de llorar. Esperaba el castigo inevitable: el grito, la bofetada, el insulto. Pero nada de eso llegó. En lugar de ello, Santos caminó conmigo en silencio durante varias cuadras, hasta que nos detuvimos frente a una heladería.

Pidió una barquilla de vainilla, mi favorita, y me la entregó sin decir palabra. Caminamos juntos hacia la estación del tren, él con su paso firme, yo con mi helado derritiéndose entre los dedos. No dijo nada en todo el trayecto, pero a veces me miraba de reojo, y en su mirada había una sonrisa que intentaba esconder.

Era una sonrisa extraña, la de un hombre que no sabía cómo amar, pero por un instante se sentía orgulloso de quien acogió como si fuera su propio hijo.

Y yo, aún con el sabor del miedo en la boca y la dulzura fría del mantecado en los labios, comprendí sin entenderlo que aquel gesto era su manera de pedir perdón, o quizás de perdonarse a sí mismo.

14
Ángel de la guarda

Cuando Santos se emborrachaba, el aire de la casa se volvía espeso. Un olor agrio, mezcla de ron y cigarrillo, se derramaba desde su boca y lo envolvía todo. En esos momentos, su voz oscilaba entre la ternura y la violencia, entre los abrazos torpes y las palabras hirientes. Podía besarnos con insistencia, decirnos lo mucho que nos amaba, y al siguiente minuto insultar a mami con una furia que me helaba la sangre.

Yo era apenas un niño y no entendía nada. No entendía cómo alguien que decía querernos tanto podía transformarse en un monstruo cada vez que bebía. El amor, para mí, era algo confuso: una mezcla de miedo y de deseo de ser querido.

A veces, cuando intentaba intervenir, me mandaban a la cama con una amenaza: "*¡Acuéstate o te pego con la correa!*". Y yo obedecía. Me metía bajo las sábanas, temblando, mientras los gritos de mami y los golpes de Santos se mezclaban en la oscuridad.

Fue entonces cuando inventé mi refugio. Mi cabina invisible. Era una especie de cápsula mágica hecha de aire, de miedo y de fe. Me arropaba de pies a cabeza, apretando los bordes de la sábana hasta que no quedara un solo hueco por donde pudiera entrar el peligro. Imaginaba que aquel escudo era de cristal indestructible. Afuera rugía el monstruo, pero dentro de mi cabina nadie podía tocarme.

Para fortalecer la barrera, rezaba. Mami me había enseñado unas oraciones que repetía como conjuros, una y otra vez, hasta que el sueño me vencía:

"Ángel de mi guarda, dulce compañía,
no me desampares ni de noche ni de día,
si me desamparas, ¿qué será de mí?
Angelito bueno, ruega a Dios por mí".

Y por si acaso no bastaba, añadía el segundo rezo, como quien refuerza los muros de un castillo sitiado:

"Con Dios me acuesto, con Dios me levanto,
con la Virgen María y el Espíritu Santo".

De tanto repetirlos, los versos se convirtieron en un arrullo. No eran simples palabras, eran mi salvavidas. Mientras afuera se oían los sollozos y los insultos, yo me hundía lentamente en el sueño, protegido por mi ángel invisible.

Pero el amanecer solía traer nuevos horrores. A veces mami amanecía con la mirada perdida, presa de lo que ella llamaba sus "ataques de nervios". Se quedaba inmóvil, con los ojos abiertos y la boca intentando pronunciar palabras que no salían. Santos, con manos torpes y respiración pesada, le daba cucharadas de agua de azahar o "agua maravilla", y luego la frotaba con alcoholado Superior 70 como si pudiera devolverle el alma a fuerza de fricción.

Yo observaba desde una esquina, con un nudo en el estómago. Había algo profundamente triste en esa escena: la mujer paralizada por el miedo, el hombre intentando revivirla sin comprender que él era la causa de su colapso.

Con los años, entendí que Santos no era un solo hombre. Era dos: el tierno y el temible. El que me compraba un helado después del dentista, y el que hacía llorar a mi madre en la oscuridad. El que me levantaba en brazos, y el que me arrojaba a la cama con un grito.

Esa dualidad me marcó para siempre. Aprendí que el amor puede ser una forma de miedo, que el cariño puede doler, y que a veces los monstruos no viven debajo de la cama, sino dentro de las personas que más decimos amar.

Y, sin embargo, cada noche, antes de dormir, seguía repitiendo mis oraciones. No porque creyera que los ángeles bajarían a salvarme, sino porque, en algún rincón de mi inocencia, necesitaba creer que alguien, aunque fuera imaginario, me estaba escuchando.

15
Angelita

Retrato de Angelita de Jesús (1945).

Santos nunca me lo dijo, pero antes de relacionarse con mami estuvo casado con una mujer llamada Angelita de Jesús. Se habían casado en el pueblo de Aibonito en 1945, durante una licencia militar de Santos, cuando el país aún vivía las secuelas de la guerra. De aquella unión nacieron tres hijos: Migdalia —a quien todos llamaban Laly—, Eddie Manuel y Nilda Iris, la más pequeña, conocida como Mirin.[39] Los dos primeros nacieron en Puerto Rico, pero la más pequeña vino al mundo en Nueva York, en una época en que el sueño americano comenzaba a arrastrar a miles de puertorriqueños al norte.

Angelita, antes de casarse con Santos, había estado casada con el hermano mayor de este, Fernando Reyes, con quien tuvo dos hijos: Gumersindo y Félix. Aquellas uniones entre hermanos, hijos e hijastros formaban una red familiar compleja, difícil de desenredar.

Angelita trabajaba en una fábrica de costura en Nueva York, una de tantas donde la vida de las mujeres se reducía al sonido rítmico de las máquinas

[39] Fechas de nacimiento: Migdalia, 10 de septiembre de 1945; Eddie Manuel, 21 de diciembre de 1947; Nilda Iris, 20 de julio de 1950.

y al olor del hilo quemado. Allí mismo trabajaría mami poco tiempo después. Es muy probable que se conocieran, que alguna vez se cruzaran en los pasillos, compartiendo el cansancio de las largas jornadas y el mismo sueño de sobrevivir en tierra ajena. Ambas mujeres trabajaban bajo la supervisión de Santos.

Félix, el hijo de Angelita con Fernando y, a la vez, hijastro y sobrino de Santos, fue testigo de más de un secreto en aquella fábrica. En más de una ocasión lo vio coqueteando con las empleadas, ayudando con "demasiada amabilidad" a las jóvenes costureras, algo que a Félix le incomodaba, aunque nunca se atrevió a contárselo a su madre. En una ocasión, incapaz de contenerse, se acercó a Santos y le dijo en voz baja:

—Santos, ten cuidado. Yo jamás le diría nada a mami, pero tú sabes cómo son algunas personas… Chismosas, va y lo cuentan.

Santos lo miró con calma, de arriba abajo, como evaluando su lealtad.

—Tranquilo —le contestó—. Yo sé lo que hago. Pero procura tú no decirle nada a tu mamá.

Félix nunca se lo dijo a Angelita. Y Santos siguió haciendo lo que siempre supo hacer: sostener una doble vida con la misma soltura con que ajustaba los engranajes de una máquina de coser.

En esos años, la industria textil de Nueva York era un universo femenino y agotador. Las fábricas estaban llenas de mujeres puertorriqueñas y afroamericanas, las más explotadas y peor pagadas del sistema. Angelita era una de ellas. Trabajaba largas horas entre agujas, tijeras y patrones, con la espalda encorvada y las manos endurecidas por el hilo. Pertenecía a una generación de mujeres que, sin saberlo, estaba transformando el país desde la base invisible de las costuras.

A principios del siglo XX, una tragedia había marcado la historia de esa industria: el incendio de la fábrica Triangle Shirtwaist, ocurrido el 25 de marzo de 1911, donde 123 mujeres y 23 hombres murieron encerrados por decisión criminal de los dueños, que mantenían las puertas cerradas con llave.[2] Aquella catástrofe sacudió a Nueva York y dio nacimiento a uno de los movimientos obreros más poderosos de la nación norteamericana: la ILGWU, la Unión Internacional de Trabajadoras de la Industria del Vestido. [40]

---

[40] Wikipedia contributors, *Incendio en la fábrica Triangle Shirtwaist de Nueva York*, Wikipedia, s.f. https://es.wikipedia.org/wiki/Incendio_en_la_f%C3%A1brica_Triangle_Shirtwaist_de_Nueva_York

Foto de dominio público del incendio de la fábrica Triangle Shirtwaist NY

Fue gracias a ese sindicato —y a las luchas de mujeres como Angelita— que los salarios mejoraron un poco, que las fábricas instalaron salidas de emergencia y que, décadas después, Angelita pudo retirarse con una pequeña pensión que fue su recompensa por toda una vida de sacrificios.

El retrato de Angelita, de cabello ondulado y mirada serena, aún parece mirar desde otro tiempo. Hay algo en su expresión que evoca dignidad, pero también cansancio. Tal vez sospechaba los secretos de Santos. Tal vez eligió callar. O tal vez, simplemente, no quería saber.

Lo cierto es que antes de ser el hombre de mami, Santos ya había sido el de otra mujer. Y esa otra historia, hecha de engaño, migración y silencios, explica mucho del hombre que más tarde llenaría nuestras vidas de amor y de miedo en partes iguales.

16
El televisor encadenado

Gumersindo tenía apenas once o doce años cuando vio a Santos levantarle el puño a su madre y dejarla sangrando por la nariz. Fue en Aibonito, una tarde que quedó grabada en su memoria como una cicatriz. Movido por el instinto y la rabia, el niño tomó un tubo y corrió hacia Santos. Lo enfrentó sin pensarlo. El miedo se disolvió en segundos; solo quedaba el deseo de proteger a su madre. Santos, sorprendido, escapó por una ventana para evitar el golpe.

Aquel instante marcaría el comienzo de su desconfianza hacia todos los hombres que decían amar. Gumersindo cargaba con una furia silenciosa, una mezcla de coraje y tristeza, que lo acompañaría toda su vida. Nunca pudo perdonarle a Santos aquel puño, ni todo lo que vino después.

A raíz de ese episodio, Angelita regresó por un tiempo a vivir con sus padres en Salinas. Pero la historia se repetiría. Santos, con su encanto acostumbrado, logró convencerla de regresar con él. Al terminar la guerra y dejar el ejército, la llevó consigo a Nueva York.

Poco tiempo después, mandaron a buscar a los niños —Gumersindo y Félix— que habían quedado bajo el cuidado de los abuelos maternos. Fue el comienzo de una nueva vida, pero también de una nueva forma de encierro.

En Nueva York, Gumersindo nunca le perdonó a su madre haber dejado a su padre, Fernando Reyes, para casarse con su tío Santos. Félix, en cambio, prefirió adaptarse. Intentó ganarse el cariño de su padrastro, quien al menos le consiguió su primer trabajito como mensajero en una fábrica. Sabía que Santos era infiel, que discutía y maltrataba constantemente a Angelita, pero aprendió a mirar hacia otro lado, a hacerse invisible cuando los gritos subían de tono.

Gumersindo no tuvo esa suerte. Se convirtió en el blanco de la frustración de Santos. Lo insultaba, lo humillaba y lo golpeaba sin motivo. Su infancia quedó marcada por el miedo y por la humillación cotidiana. Santos, llevado por su obsesión por el control, llegó al extremo de encadenar el televisor con un candado antes de irse a trabajar. Ninguno de los niños podía tocarlo. Era su forma de dejar claro quién mandaba, de encerrar el entretenimiento y la inocencia bajo llave, igual que hacía con los afectos.

Dentro del apartamento, el enemigo no hablaba inglés: hablaba el idioma del miedo.

Santos bebía cada vez más. Los problemas de alcohol agravaban su temperamento y convertían cada noche en una ruleta rusa emocional. Gumersindo y Félix, ya adolescentes, decidieron marcharse del hogar apenas encontraron trabajo. Lo poco que ganaban les bastaba para pagar una habitación y respirar lejos del control de Santos.

Pero la violencia no se detuvo con su partida. Una noche, Santos regresó borracho, gritando y rompiendo cosas. Angelita intentó calmarlo, pero él tomó un martillo y se abalanzó sobre ella frente a sus hijos pequeños: Laly, Eddie y Mirin. La escena fue de terror. Sin embargo, aquella vez Angelita no retrocedió.

—Dame, dame, a ver si eres capaz. Vas a ver lo que te pasa si me pegas de nuevo.

Sus palabras, firmes y temblorosas a la vez, se mezclaron con los sollozos de los niños, que suplicaban que no la golpeara. Quizás por primera vez, Santos se contuvo.

Esa noche marcó el fin de la convivencia. Harta de infidelidades y agresiones, Angelita recogió su ropa y le gritó que se fuera, que si no lo hacía, lo denunciaría a la policía. Santos se marchó del apartamento, dejando tras de sí no solo el olor a alcohol, sino una casa rota y una familia desamparada.

Sin su salario, Angelita tuvo que doblar turnos. Trabajaba en dos empleos para sostener a los pequeños. Migdalia (Laly), la mayor, se convirtió en la segunda madre de sus hermanos, cuidando de Mirin y Eddie, mientras Angelita se pasaba las noches cosiendo.

Eddie fue el que más sufrió. Nunca conoció la ternura de su padre. Santos lo golpeaba por cualquier motivo: un plato roto, una risa inoportuna, un movimiento brusco.

—Aquí tú me obedeces. Lo que yo diga no se cuestiona. Si yo digo que te estés quieto, es mejor que no te muevas. No cojas coraje conmigo. No llores, porque te pego más duro. ¿Qué carajo tú te crees? ¿Que tú te mandas? ¡So pila de mierda! Después, Santos se volvía hacia Angelita y decía, casi justificándose:

—Yo no sé qué voy a hacer con estos muchachos. No se están quietos. Pero van a aprender a la buena o a la mala a respetar al hombre de la casa...

Eddie aprendió, sí. Aprendió a callar, a esconder el llanto, a tragarse la rabia. Aprendió que "los machos no lloran". Cuando oía los pasos de Santos acercarse, corría y se metía debajo de la cama. Laly, su protectora, se metía con él, abrazándolo mientras esperaban a que el peligro pasara. Pero protegerlo también tenía un costo: los correazos con la hebilla metálica de su padre le dejaban las manos inflamadas y sangrantes.

Santos no sabía dar amor ni recibirlo. Creía que ser padre era alimentar y castigar, nunca escuchar. Su noción de autoridad era una cárcel sin paredes, donde los hijos aprendían a obedecer, no a confiar.

El daño que dejó fue profundo y duradero. Las semillas del miedo, la humillación y la vergüenza que sembró en Eddie germinarían años después, durante la guerra de Vietnam, cuando aprendió a matar sin sentir. Y su esposa Clarita cargaría también, sin haberlo elegido, con el peso de aquella infancia fracturada.

17
"La pesetita voladora"

La partida de Santos dejó a Angelita sola con tres hijos y una deuda que no tenía nombre. Tuvo que mudarse a un diminuto apartamento de un solo cuarto, conseguir un segundo empleo en otra fábrica de costura y convertir su vida en una triple jornada: trabajadora, madre y ama de casa.

La pequeña Mirin quedó al cuidado de una vecina, Laly ayudaba en los quehaceres del hogar con apenas once años, y había días en que el único alimento era arroz con leche o galletas saladas. Pero Angelita resistió con una fuerza silenciosa, hecha de amor y cansancio.

Laly seguía queriendo a su padre. Lo amaba con una terquedad que la razón no podía explicar. Negaba los golpes, las ausencias y las palabras crueles. Su mente prefería guardar los recuerdos escasos en que Santos le sonreía o le acariciaba el cabello. En esa memoria selectiva, donde el dolor se borra para poder seguir queriendo, se refugiaba cada noche, esperando su regreso.

Pasaba largas horas junto a la ventana del apartamento, mirando hacia la calle, imaginando que él aparecería de pronto, con una bolsa de dulces o una promesa nueva. Años después, Laly recordaría la frase más famosa de Rafael Quiñones Vidal, el legendario conductor del programa Tribuna del Arte, que se transmitía por Telemundo entre 1954 y 1976: "La pesetita voladora".[41]

Quiñones Vidal, con su voz serena y paternal, daba aquella moneda como premio de consuelo a los concursantes que no ganaban. Era su gesto de cariño hacia los artistas pobres que llegaban desde los campos de Puerto Rico sin un centavo para regresar a casa. Esa "pesetita voladora" se convirtió en símbolo de ternura y dignidad.

Por su programa pasaron las voces que formarían la memoria musical de Puerto Rico: Bobby Capó, Felipe "La Voz" Rodríguez, Julito Rodríguez, Ramito, Yomo Toro, Carmen Delia Dipiní, Lucecita Benítez y tantos otros. El pequeño Andy Montañez, con solo ocho años, cantó allí su primer bolero; José Miguel Class, "El Gallito de Manatí", lloró de nervios ante el público, y en vez de burla, recibió una sonrisa y la "pesetita voladora".

---

[41] Rafael Quiñones Vidal: Un propulsor de talentos. (2012, August 31). *Primera Hora.* https:Rafael Quiñones Vidal: Un propulsor de talentos - Primera Hora https://www.primerahora.com/entretenimiento/farandula/notas/rafael-quinones-vidal-un-propulsor-de-talentos/

Pero para Laly esa peseta tendría otro significado.

Una tarde, en el invierno neoyorquino de mediados de los años cincuenta, Angelita la envió con Eddie a comprar algunos víveres en un colmadito de la Séptima Avenida. El viento cortaba la piel y el cielo estaba encapotado. Al salir del colmado, Laly se detuvo de golpe: a través del ventanal de la tienda Woolworth vio a su padre.

—¡Papi! ¡Papi, allí está Papi! —gritó, con la voz entrecortada por la emoción.

Corrió hacia él, dejando atrás a su hermano. Se abrazó a las piernas de Santos con la alegría pura y desbordante que solo los hijos pueden sentir por un padre que los ha abandonado. Santos, sorprendido, miró a la mujer que lo acompañaba —una mujer que quizás era mi madre— y murmuró una disculpa antes de apartar a los niños hacia la salida.

—¿Qué hacen ustedes aquí? —les dijo con el ceño fruncido—. No pueden estar aquí. Váyanse ahora mismo para su casa.

Pero Laly no escuchaba. Lo miraba con ojos grandes, rebosantes de amor y esperanza. Santos metió la mano en el bolsillo de su abrigo, sacó una moneda y se la puso en la mano.

—Toma, y vete con tu hermano.

Era una peseta.

Laly la recibió como si le hubiera dado el mundo entero. A pesar del regaño, de la distancia, de los años de silencio, aquella moneda brillaba como una promesa de reconciliación. Antes de irse, le pidió la bendición:

—Bendición, papi.

—Dios los bendiga —contestó él, con una mezcla de nerviosismo y ternura.

Esa tarde, los niños corrieron de regreso al apartamento. Entraron gritando:

—¡Mami, mami! ¡Vimos a papi! ¡Vimos a papi!

Laly, con el rostro iluminado, le mostró la peseta a su madre. Pero Angelita no compartió su alegría. Se la quitó de la mano a la niña, abrió la ventana y, sin decir una palabra, la arrojó con fuerza al exterior. La moneda salió volando y desapareció en el aire helado de Brooklyn.

Laly se quedó mirando la ventana abierta, sin entender. Para ella, aquella fue la última señal de su padre y el inicio del verdadero silencio. Desde entonces, cada vez que veía una moneda brillar en el suelo, recordaba aquel día. Y con una mezcla de inocencia y tristeza, lo llamó para siempre:

"El día de la pesetita voladora".

18
Mirin

Foto de Nilda (Mirin)

Pocos años después de su boda, Migdalia (Laly) comprendió que había repetido la historia que tanto había intentado olvidar: estaba atrapada en una relación marcada por la violencia, igual que la de su madre, igual que la que había vivido en su niñez. Su hermana menor, Nilda —Mirin para todos— también seguiría un camino parecido. A finales de los años ochenta se casó con un hombre criado, como Santos, bajo los valores más duros del patriarcado. Era alcohólico, consumía drogas y estaba obsesionado con el control. Con él tuvo dos hijos: Víctor Anthony y Amy.

La relación fue un infierno desde el principio. Víctor Anthony, siendo apenas un niño, presenció los golpes, los insultos y las humillaciones que su madre sufría a diario. En los momentos de mayor violencia, Nilda les pedía a los niños que se encerraran en el cuarto y golpearan fuerte las paredes para alertar a los vecinos que llamaran a la policía. En una ocasión, después de una golpiza, Nilda intentó quitarse la vida cortándose las muñecas.

Aun así, se aferró a sus hijos. Les repetía una y otra vez que estudiaran, que fueran los mejores, que jamás se parecieran a su padre.

—Si estudian, podrán escapar de esta vida.

Víctor Anthony le hizo caso. Encontró refugio en los libros y en las bibliotecas, donde se quedaba hasta tarde para no regresar a la casa. Allí aprendió que la lectura podía ser una trinchera. Gracias a la motivación de su madre, terminó la escuela con altos honores. Su padre jamás lo felicitó ni celebró ninguno de sus logros, pero Nilda lloró de orgullo en cada graduación.

A pesar de todo, Nilda nunca logró romper el lazo con su agresor. Vivía aterrada, atrapada por el miedo y la dependencia. Quería que su hijo estudiara Derecho, pero Víctor Anthony soñaba con ser actor. Tenía talento, sensibilidad y una vocación artística que le nacía del alma. Por sus calificaciones excepcionales fue admitido en una prestigiosa universidad de Connecticut, reconocida por su programa de actuación y bellas artes.

Cuando se graduó, regresó a Nueva York. No podía dejar sola a su madre. El reencuentro, sin embargo, trajo una nueva preocupación: Nilda se veía enferma, cansada, marchita.

—Es solo un resfriado —le dijo ella—. Ya estoy en tratamiento.

Pero no era cierto. Los años de maltrato, la depresión y el abuso del alcohol habían devastado su cuerpo. Los médicos le habían advertido que su hígado estaba gravemente dañado y que le quedaba poco tiempo.

Una noche, mientras dormía, Víctor Anthony escuchó una voz clara, serena, que le susurró al oído: "Tu mamá solo tiene un año más de vida".

Despertó agitado, empapado en sudor, pero no sintió miedo. Era un aviso, no una amenaza. Al día siguiente se lo contó a su madre. Nilda rompió a llorar. Lo miró a los ojos y le dijo:

—Pero no te preocupes, confío en Dios. Mi vida está en sus manos.

Víctor Anthony la abrazó y respondió en inglés, como solía hacerlo con ternura:

—I'll take care of you, Mom.

A partir de entonces, él la cuidó con devoción. Le propuso cambiar su alimentación, volverse veganos.

—Yo te ayudaré a preparar tus comidas, mamá. Vas a mejorar, lo prometo.

Rezaban juntos cada noche. Nilda pedía un milagro. Pero el milagro no llegó. Un año después, murió por insuficiencia hepática severa. Era 1994.

Desde 1992, Gloria Estefan había lanzado su canción "Con los años que me quedan". Era la favorita de Nilda. La escuchaba una y otra vez, como si en cada nota se le escapara el alma. En los últimos meses de vida, la cantaba en voz baja, cerrando los ojos, como una oración. Después de su muerte, cada vez que Víctor Anthony la oía por la radio, sentía un nudo en la garganta. Cerraba los ojos y revivía su voz, su olor, su risa.

—La vida fue tan injusta con ella… —se repetía una y otra vez.

Poco tiempo después, Víctor Anthony dejó Nueva York. Se mudó a Los Ángeles, California, en busca de cumplir su sueño de ser actor. Cortó contacto con su padre y con casi toda la familia. Solo mantenía comunicación esporádica con su hermana, para asegurarse de que estuviera bien.

El dolor de su niñez lo acompañó siempre, como una sombra que no se disipa. Porque lo que muchos ignoran —y él entendió tarde— es que el trauma infantil no muere con la infancia. Permanece. Se instala en los huesos, en la memoria, en el silencio.

19
Reglas del patriarcado

"Ningún problema social es tan universal como la opresión del niño y la niña… Ningún esclavo fue jamás tan propiedad de su amo como el niño y la niña… Nunca los derechos humanos fueron tan ignorados como en el caso del niño y la niña".

Maria Montessori [42]

Mujer en Málaga (Foto de archivo del 8 de marzo de 2020).- Álex Zea – Europa Press – Archivo

En su libro *Creando Amor*, el terapeuta y educador John Bradshaw nos recuerda que, aunque las revoluciones francesa y estadounidense iniciaron hace más de dos siglos el despertar de la conciencia colectiva ante el trance patriarcal, las reglas de ese sistema continúan vigentes en casi todas las religiones, los sistemas políticos, las escuelas y, sobre todo, en la institución más íntima: la familia.

Bradshaw describe cuatro reglas fundamentales que han moldeado —y distorsionado— la crianza humana por generaciones. [43]

---

[42] La cita de María Montessori se toma del epígrafe del capítulo 2 de *Creating Love* de John Bradshaw; Traducción nuestra.
[43] Bradshaw, *Creating Love*, p.25–26.

Obediencia ciega

Obedecer sin cuestionar, porque el acto de obedecer se considera virtuoso por sí mismo. En la tradición judeocristiana, Abraham lleva a su hijo para asesinarlo solo por obedecer a Dios; en ese gesto, la sumisión se vuelve sagrada. En el patriarcado, la obediencia sustituye al pensamiento: se castiga la duda, se premia el silencio. Este principio se reproduce en los hogares, en las iglesias, en las aulas y también en los estados totalitarios. Santos no toleraba preguntas. Yo aprendí a obedecer antes de aprender a defenderme. [44]

Represión emocional

"Los hombres no lloran". La ira, la tristeza o el miedo son vistos como debilidades, sobre todo en los varones.

Según Bradshaw, cuando reprimimos nuestras emociones perdemos la capacidad de defendernos, de sentir empatía o indignación. Nos volvemos complacientes, dóciles, serviles. Tan sumisos, que dejamos de luchar por lo que realmente importa. Eddie cargó esa furia silenciosa durante décadas, sin saber que era el nombre de todo lo que no le habían permitido sentir.

Destrucción de la voluntad individual

El patriarcado desprecia a los niños y niñas obstinados, curiosos, con carácter. Es más fácil controlar a quien ha perdido su voluntad que a quien la defiende. La consecuencia es devastadora: se conforman o se rebelan. En ambos casos, se rompe la conexión con su yo auténtico. Gumersindo se rebeló. Y el sistema lo castigó por ello durante toda su vida.

Represión del pensamiento independiente

Pensar distinto se convierte en una falta moral. La creatividad, la duda o la disidencia se castigan desde pequeños, hasta que pensar por sí mismos se

---

[44] El énfasis al cumplimiento de la ley y el orden que hacen muchos políticos aquí, en la isla, y en los Estados Unidos es parte de esta regla patriarcal de obediencia ciega a la norma. Esto recuerda a la Alemania nazi, donde había mucha ley y mucho orden, pero una total ausencia de derechos humanos.

vuelve un acto de rebeldía. Víctor encontró en los libros y en las bibliotecas el único espacio donde nadie podía decirle qué pensar. Allí aprendió que la lectura podía ser una trinchera.

Bradshaw subraya la paradoja que esta estructura crea: mientras la humanidad proclama la democracia en la esfera pública, mantiene el autoritarismo dentro del hogar. Así, el niño —sujeto a obediencia, represión y miedo— crece preparado para someterse a otros sistemas sociales jerárquicos de poder, privilegios y estatus.

Uno de los momentos históricos que ejemplifica este peligro fueron los juicios de Núremberg, donde se declaró que los criminales de guerra nazis no podían justificar sus actos alegando que "solo obedecían órdenes".[45] Muchos de esos hombres no se consideraban malvados. Habían sido criados en hogares estrictos, donde la obediencia era virtud y el castigo físico, corrección. Eran el producto perfecto del patriarcado más puro. El nazismo no fue solo un sistema político: fue la expresión colectiva de millones de infancias autoritarias.

Yo mismo, y muchos más, fuimos educados bajo esas mismas reglas. Santos y tantas familias de nuestro país aprendieron que el amor se medía por el control, que la disciplina era sinónimo de respeto, y que la vergüenza y el castigo eran métodos de enseñanza. En esa educación, el amor se confundía con poder, la obediencia con virtud, y el silencio con honor.

Pero nada de eso es amor.

Estas normas rígidas dieron origen a lo que la antropóloga argentina Rita Segato llama "el mandato masculino": la creencia de que el hombre tiene el poder o la autoridad moral para castigar, humillar o incluso violentar a la mujer si ella no se somete a las normas impuestas por la sociedad patriarcal.[46] Y el daño no se limita a los hombres. Las mujeres criadas en entornos patriarcales, al interiorizar esas reglas, pueden también reproducirlas. Los niños, por su parte, crecen con una identidad fragmentada y una autoestima dependiente del juicio de los demás.

El hogar, que debería ser el primer refugio de amor, sigue siendo el escenario más peligroso para millones de niños y niñas. Los problemas sociales más visibles —la criminalidad, la drogadicción, la violencia, los problemas de

---

[45] https://www.facinghistory.org/resource-library/obeying-orders

[46] Rita Segato, *Las estructuras elementales de la violencia: Ensayos sobre género entre la antropología, el psicoanálisis y los derechos humanos*, 3.ª ed. revisada (Buenos Aires: Prometeo Libros, 2021).

salud mental, el alcoholismo, la desintegración familiar— tienen una raíz común: la infancia herida.

No habrá justicia social mientras la infancia siga siendo gobernada por el miedo y el castigo.

20
La Guerra y el Patriarcado

[47]

"Cada arma fabricada, cada barco de guerra botado, cada cohete disparado, significa en último análisis un robo a quienes tienen hambre y no son alimentados." — Dwight D. Eisenhower[48]

El patriarcado prepara a los varones desde la infancia para la guerra. Se nos enseña a competir, a ser "el sexo fuerte", a reprimir el llanto y a asociar la violencia con el valor. Desde pequeños se nos adiestra para obedecer sin cuestionar y se nos castiga por sentir. Esa represión emocional —que comienza en el hogar— es luego utilizada por el Estado, que la libera en el campo de batalla, donde matar se convierte en virtud y morir, en honor.

Los juguetes bélicos, los videojuegos, las películas y las narrativas de "héroes y villanos" alimentan esa ideología. Los niños aprenden que pelear es natural, que la agresión es sinónimo de hombría. Y así, sin darnos cuenta, la guerra se convierte en una extensión de la familia patriarcal.

---

[47] Foto montaje creado por autor

[48] Cita de Dwight D Eisenhower del discurso ante la Sociedad Americana de Editores de Periódicos el 16 de abril de 1953, poco después de asumir la presidencia.

Santos y la guerra

Santos ingresó al ejército de los Estados Unidos en 1942, durante la Segunda Guerra Mundial. Hablaba con orgullo de su participación en el Regimiento 65 de Infantería, una unidad compuesta exclusivamente por soldados puertorriqueños. Ostentó el rango de cabo y recibió dos medallas al salir en 1946.

Solía contarme que una bala enemiga le había rozado el pecho, pero que un medallón del Sagrado Corazón de Jesús que llevaba al cuello detuvo el proyectil. "Ese medallón me salvó la vida", decía.

Para calmar el miedo, me contaba que los soldados boricuas cantaban entre las trincheras: "¿Y eso qué es?... ¿Qué pasará? Al paso que vamos, nos tiran los chinos al río".

Santos nunca conoció a Smedley Butler, el soldado más condecorado en la historia militar estadounidense, pero hubiera coincidido con él. Ambos comprendieron, desde lados opuestos del poder, que la guerra era una estafa.

La confesión del general

En su libro *War is a Racket*, el general Smedley Darlington Butler (1881–1940) escribió con una franqueza que sigue estremeciendo: [49]

> *Pasé treinta y tres años y cuatro meses en el servicio activo... Fui un matón de primera categoría al servicio de las grandes empresas, Wall Street y los banqueros. Fui un extorsionador, un pistolero del capitalismo... En 1924 aseguré México para los intereses petroleros, ayudé a "purificar" Nicaragua para los banqueros, y a "enderezar" Honduras para las compañías fruteras. En China trabajé para la Standard Oil. Fui recompensado con medallas, ascensos y honores. Mirando atrás, veo que pude haberle enseñado algo a Al Capone: él operaba en tres distritos; yo, en tres continentes.*

Butler desenmascaró lo que el patriarcado y la guerra llaman "heroísmo": un sistema donde los hombres pobres matan y mueren por los intereses de los ricos.

---

[49] Smedley D. Butler, *War is a Racket* (New York: Round Table Press, 1935).Traducción del Autor

Hiroshima y Nagasaki

El 6 de agosto de 1945, Estados Unidos lanzó una bomba atómica sobre Hiroshima. En un instante, decenas de miles de personas se evaporaron. Ese fin de año, 140.000 habían muerto; para 1950, más de 200.000.

El poeta japonés Sankichi Tōge, sobreviviente del ataque, escribió el poema "Agosto seis":[50]

> *"¡Cómo poder olvidar ese resplandor de luz! En un instante, treinta mil personas desaparecieron de las calles. Los gritos de cincuenta mil más, aplastados bajo la oscuridad... La piel colgaba de los cuerpos como trapos, manos sobre los pechos; pisoteando cerebros desmenuzados, montañas de niñas escolares que reposaban como basura... ¿Cómo podría olvidar ese silencio que descendió sobre una ciudad de trescientas mil almas?"*

Tres días después, el 9 de agosto de 1945, una segunda bomba —de plutonio— cayó sobre Nagasaki. Murieron 40.000 personas de inmediato.

El fiscal adjunto de los Juicios de Núremberg, Telford Taylor, consideró esos bombardeos crímenes de guerra. Incluso seis de los siete oficiales de más alto rango —MacArthur, Eisenhower, Arnold, Leahy, King y Nimitz— se opusieron a su uso, afirmando que no eran necesarias para terminar la guerra. [51]

Y, sin embargo, estos hechos raramente aparecen en los libros de historia. Porque admitirlos sería aceptar que la guerra no solo produce violencia: también produce genocidios. [52]

La guerra hoy

---

[50] PBS. (n.d.). *Hiroshima Poems.* PBS NewsHour. https://www.pbs.org/newshour/features/hiroshima-poems/

51Toll, I. W. (2020, August 8). *The Atomic Bombings.* The National WWII Museum. https://www.nationalww2museum.org/war/articles/atomic-bombings-ian-w-toll.

52 Revista de la Universidad de México. (n.d.). *El genocidio en Vietnam contado por sus autores.* https://www.revistadelauniversidad.mx/articles/db017de7-094a-4690-a27e-7b2eef6ea18b/el-genocidio-en-vietnam-contado-por-sus-autores

Lo que comenzó en Hiroshima con la destrucción masiva de una población civil no terminó en 1945. El rostro más desgarrador de esa misma lógica es hoy la guerra contra Irán y el genocidio que se comete contra el pueblo palestino. [53]

En el caso de Palestina, décadas de ocupación, bloqueo, segregación y militarización han convertido la existencia palestina —especialmente la de las mujeres y niñas— en un infierno cotidiano. [54]

Según el Ministerio de Salud de Gaza, entre el 7 de octubre de 2023 y el 15 de abril de 2025, al menos 51.000 palestinos han muerto y 116.343 han resultado heridos, entre ellos 15.613 niños y 8.304 mujeres. El informe de la Comisión de Investigación de las Naciones Unidas del 13 de marzo de 2025 concluyó que las operaciones militares israelíes en Gaza han tenido un impacto desproporcionado sobre las mujeres y niñas palestinas, que la violencia sexual y de género se ha utilizado como método de guerra, y que el uso deliberado del hambre y la destrucción del sistema de salud constituyen crímenes de guerra y de lesa humanidad. [55]

Así, la guerra sigue siendo el rostro visible del patriarcado: un sistema que castiga la empatía, glorifica la fuerza y reduce la vida humana a estrategia.

Santos fue, como millones de hombres, un hijo obediente de ese sistema. Un hombre que aprendió que servir al poder era virtud, que reprimir el miedo era valor y que el amor se demostraba con control.

Pero detrás del uniforme y las medallas habitaba el mismo niño roto que un día fue obligado a no llorar.

Ese niño —como tantos otros— nunca regresó de la guerra.

---

53 UNFPA. *Situation Report: Crisis in Palestine – Key Figures* (3 de julio de 2024). Disponible en: https://www.unfpa.org/sites/default/files/resource-pdf/UNFPA-Situation-Report-9.pdf

54 *Occupation, Conflict and Patriarchy: Impact on Palestinian Women.* Escola de Cultura de Pau, Universitat Autònoma de Barcelona. Disponible en: https://escolapau.uab.cat/img/programas/alerta/informes/OcupacionConflictoPatriarcadoIN.pdf

55 UNRWA. *Situation Report 167: Situation in Gaza Strip and West Bank, including East Jerusalem.* Disponible en: https://www.unrwa.org/resources/reports/unrwa-situation-report-167-situation-gaza-strip-and-west-bank-including-east-jerusalem

21
Vietnam y el Agente Naranja

Eddie en Vietnam.

Santos nunca lo supo, pero años después de él, Eddie Manuel también vestiría uniforme. Se alistó en los días ardientes de la guerra de Vietnam, como tantos otros puertorriqueños enviados a pelear guerras ajenas. Le otorgaron el Corazón Púrpura y, con la medalla prendida al pecho, también le entregaron un veneno silencioso: un herbicida llamado Agente Naranja.

El niño que de pequeño se escondía debajo de la cama mientras Laly recibía los correazos de Santos, el mismo que aprendió a callar antes de aprender a defenderse, ahora cargaba un fusil en las selvas de Vietnam. No hay registro de lo que pensaba entre una trinchera y otra, ni de si recordaba a su madre o a su hermana cuando el miedo se le pegaba al cuerpo. Solo sabemos que fue, que sobrevivió y regresó cargando algo que ninguna medalla podía nombrar.

El herbicida era utilizado por el ejército norteamericano para deforestar zonas rurales y agrícolas, provocando devastación y hambre en la población vietnamita. Se estima que, para 1967, el ejército de Estados Unidos llegó a descargar unos 20 millones de galones del Agente Naranja sobre territorio vietnamita.

Eddie, al igual que otros miles de soldados, desconocía que sería expuesto a una de las sustancias químicas más tóxicas y letales para la vida humana. Ajenos a su peligrosidad, muchos soldados llegaron incluso a utilizar los mismos tanques portátiles con que rociaban el Agente Naranja para bañarse.

Eddie junto a un amigo soldado en Vietnam, rociándose con agua de un tanque portátil que se utilizaba para rociar el Agente Naranja.

Las compañías Dow Chemical y Monsanto, que manufacturaban el Agente Naranja, conocían los riesgos a la salud de este letal herbicida, pero lo ocultaron. Un memorando interno reveló después esa decisión con una frialdad que estremece: era más barato usar el veneno y ocultar los daños que provocaba que buscar alternativas menos letales.[56] El lucro, como siempre, pesó más que la vida: la de millones de vietnamitas y la de decenas de miles de jóvenes soldados, en su mayoría provenientes de las clases pobres.

La lista de enfermedades producidas por el Agente Naranja es devastadora: leucemias, sarcomas, enfermedades neurológicas periféricas,

[56] Harris, T. *The Tragedy of Laos: Forty-Five Years After the End of the Vietnam War, the U.S.'s Use of Agent Orange Continues to Haunt the Country. The New York Times Magazine* (16 de marzo de 2021). Disponible en: https://www.nytimes.com/2021/03/16/magazine/laos-agent-orange-vietnam-war.html

enfermedad de Hodgkin, mieloma múltiple, neoplasia de las vías respiratorias, cáncer de próstata, laringe, tráquea y pulmón, espina bífida, diabetes, cáncer de la médula ósea. Los efectos se han monitoreado hasta la tercera y cuarta generación de los afectados en Vietnam, con diagnósticos que incluyen deformaciones congénitas de diversa gravedad.[57]

Para cuando la guerra terminó, Estados Unidos había lanzado más explosivos sobre Vietnam que todos los bandos juntos en la Segunda Guerra Mundial.[58] Robert McNamara reconocería después un saldo de 3.8 millones de vietnamitas muertos, en su mayoría civiles. [59] Se calcula que entre dos y cuatro millones de personas fueron expuestas al Agente Naranja en territorio vietnamita, además de decenas de miles de soldados estadounidenses. Vietnam nunca recibió compensación.

Cincuenta y ocho mil soldados estadounidenses murieron en combate. Muchos más se enfermarían o morirían después, al ser contaminados por el Agente Naranja.

Eddie fue uno de ellos.

---

[57] Cruz Roja Española. *Agente Naranja: Una herencia tóxica* (PDF). Disponible en: https://www.cruzroja.es/pls/portal30/docs/PAGE/SITE_CRE/PAGINAS/AGENTE_NARANJA.PDF

[58] Entre los muchos capítulos oscuros de la guerra de Vietnam se encuentra la masacre de My Lai, que cobró la vida de unos 504 civiles vietnamitas indefensos, en su mayoría ancianos, mujeres y niños. El teniente William Calley fue el único soldado acusado y sentenciado por la masacre de My Lai. A pesar de ser condenado a prisión de por vida, solo cumplió tres años y medio en arresto domiciliario, ya que el presidente republicano Richard Nixon le otorgó el perdón presidencial.
https://mundo.sputniknews.com/defensa/201803161077086501-matanza-vietnam-aniversario/

[59] Robert McNamara, declaraciones recogidas en el documental The Fog of War, dir. Errol Morris, 2003.

Eddie con un amigo en Vietnam.

22
Eddie Manuel

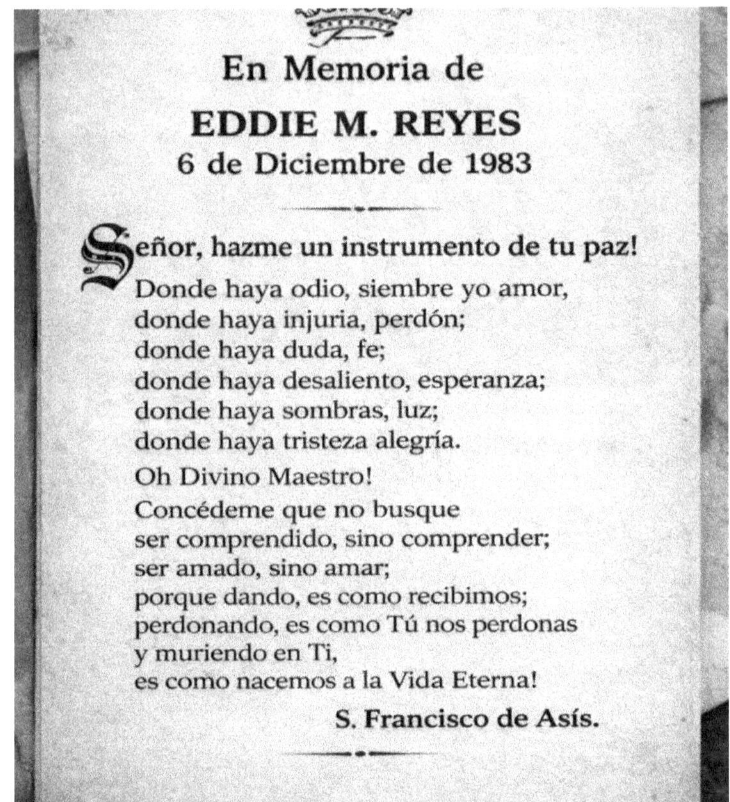

En Memoria de

EDDIE M. REYES

6 de Diciembre de 1983

Señor, hazme un instrumento de tu paz!

Donde haya odio, siembre yo amor,
donde haya injuria, perdón;
donde haya duda, fe;
donde haya desaliento, esperanza;
donde haya sombras, luz;
donde haya tristeza alegría.

Oh Divino Maestro!
Concédeme que no busque
ser comprendido, sino comprender;
ser amado, sino amar;
porque dando, es como recibimos;
perdonando, es como Tú nos perdonas
y muriendo en Ti,
es como nacemos a la Vida Eterna!

S. Francisco de Asís.

Foto de tarjeta de oracion funeraria de Eddie

Eddie regresó al Bronx con esa mezcla de cansancio y esperanza de los que quieren rearmar su vida con las fuerzas que aún les quedan. Conoció a Clarita Watson, "el amor de mi vida", decía, y terminó colocándole un anillo de boda. Clarita lo amó por su risa, su pasión por la salsa y los bongós, pero sobre todo por su corazón: Eddie no soportaba ver a un ser humano durmiendo a la intemperie. Metió a un deambulante en su apartamento de un cuarto porque "lo cristiano es darle techo", y donó su primer cheque de veterano a los programas parroquiales para los pobres en el Bronx. Nadie le devolvió, sin embargo, la vida que la guerra y su niñez le habían robado.

Foto de la boda de Eddie y Clarita en Nueva York.

Por las noches despertaba empapado, gritando: "*¡Charlie, Charlie, Charlie in a hole!*". Una vez, en pleno espasmo, apretó el cuello de Clarita creyendo que combatía cuerpo a cuerpo con el enemigo. Clarita terminó abandonando a Eddie. El ejército certificó su incapacidad; la pensión por trastorno de estrés postraumático (TEPT) y por exposición al Agente Naranja jamás alcanzó para reparar lo irreparable: el daño neurológico y la esterilidad que les negó a ambos el sueño de una hija. La tristeza se volvió depresión, y la depresión lo llevó a la botella. El alcohol fue su refugio y su perdición, como lo había sido para su padre.

El 6 de diciembre de 1983, en uno de esos inviernos terriblemente fríos que solo se producen en el Bronx, en el edificio 2430 de la avenida Morris, se identificó el cuerpo inerte de Eddie Manuel, desplomado sobre un sillón de su apartamento. Un vecino llamó a la policía por el hedor que se filtraba por el techo. Llevaba más de tres días muerto. El certificado fue seco, clínico, y solo consignaba la causa inmediata de su fallecimiento: "*Acute and chronic ethanolism. Cirrhosis of liver*".

A Migdalia la hicieron identificarlo en la morgue. Bastó que levantaran un borde de la sábana: un lunar diminuto en el hombro izquierdo —gemelo del que ella tiene en la mano derecha desde que nacieron— le confirmó que ese hombre era su hermano, su amigo, su cómplice. Una de las personas que más amó. Quiso abrazarlo, pero no la dejaron. Cayó de rodillas. Ese día, en silencio, se apagó una porción entera de su familia.

Félix se hizo cargo del funeral. Clarita lo ayudó. Ya estaban juntos —Eddie nunca lo supo— y vivieron tres meses en el mismo apartamento donde él murió. Cuando Angelita se enteró, abofeteó a Félix: la historia, circular e irónica, repitiéndose; el sobrino haciendo con el hermano lo que un día Santos le había hecho al suyo.

A veces me pregunto cuáles fueron los últimos pensamientos de Eddie en aquel sillón… Si habría recordado la selva en Vietnam, su niñez, a Clarita, a Migdalia… Si habría rezado, si maldijo, si por fin durmió sin sobresaltos. No lo sabremos. Sí conocemos, en cambio, la suma de los pesos que lo hundieron: una niñez cercada por el miedo, una guerra hecha para otros, un veneno letal, y un país que paga con medallas lo que cobra con la vida.

Eddie fue uno de tantos, un hijo obediente del patriarcado y de la guerra. Un muchacho dulce al que le enseñaron a no llorar y al que el Agente Naranja le secó hasta las lágrimas. Hoy lo nombro para que no sea cifra, para que su historia no vuelva a encadenar a ningún otro niño a la vieja maquinaria del honor y la obediencia.

23
Memoria de agua

Imagen de dominio público tomada de Picryl.[60]

Cuando Santos llegó a vivir con mami, solía entrar en silencio al cuarto, cuando yo ya estaba dormido. Me despertaba el roce tibio de sus labios, con olor a alcohol, en la mejilla. Luego me arropaba, con esa ternura que no siempre lograba sostener cuando estaba despierto.

A veces, en los veranos inclementes de Brooklyn, nos permitía salir a jugar bajo el chorro de agua de los hidrantes que los vecinos abrían en la calle Garfield Place. El agua corría libre sobre el asfalto caliente y por un rato todos —niños, madres, jóvenes— parecíamos felices. Eran los únicos instantes en los que el mundo se sentía justo y fresco.

En casa, sin embargo, el calor era otro. Mami no soportaba la bebida. La botella era el eje invisible alrededor del cual giraban nuestras tristezas. Santos, como tantos hombres de su generación, fue un devoto fiel del culto al alcohol, alentado por la publicidad, las canciones mexicanas y el ideal del macho que bebe, domina y calla.

Yo era niño, pero ya intuía que aquella mezcla de ternura y violencia tenía algo enfermo, algo heredado. Un día descubrí decenas de botellas vacías

[60] https://loc.getarchive.net/media/new-york-new-york-children-escape-the-heat-of-the-east-side-by-using-fire-hydrant

de ron Don Q escondidas bajo la bañera de "cuatro patas". Me quedé mirándolas como quien mira un cementerio de cristal. Allí, entre ese montón de cadáveres líquidos, me prometí que jamás bebería.

Cuando la convivencia se hacía insoportable, mami salía a caminar sin rumbo. Cruzábamos calles enteras en pleno invierno, bajo el frío, ella apretando mi mano, muda. Yo la seguía hasta que el cansancio podía más:

—*Mami, ¿regresamos? Estoy cansado.*

Ella me miraba, respiraba hondo, y decía bajito:

—*Sí, regresamos. Perdona, nene, perdona.*

Había días en los que recogía toda la ropa en bolsas para irnos antes de que Santos volviera, pero siempre acababa resignándose. El ciclo se repetía: las peleas, los silencios, la bebida, el arrepentimiento…

Los ataques de nervios de mami se hicieron frecuentes. Se paralizaba, solo movía los ojos. Mis hermanas y yo le dábamos agua con sal o agua maravilla, le poníamos compresas de alcoholado Superior 70 y le frotábamos las manos.

Santos junto a mami y Jorge, el esposo de Titi Nina, sentados en la mesa. Al fondo, mi hermana Aida junto a sus amigas Nilsa Rivas y Mery Ramos.

Santos, en su torpeza, buscaba amar. Mami, en su agotamiento, buscaba sobrevivir. Y yo, desde mi rincón, intentaba entender cómo el amor podía doler tanto y aun así seguir siendo amor.

No se hablaba de "violencia doméstica o violencia patriarcal" en esos días. Era simplemente "la vida de pareja". Las mujeres lo soportaban en silencio porque eso se les había enseñado.

Y no eran sólo la calle y los hombres, el sistema médico, la prensa y la cultura lo reforzaban. En 1964, la revista *Time* publicó un estudio en el que médicos aseguraban que el maltrato podía ser terapéutico: "Los períodos de comportamiento violento del marido sirven para liberarlo momentáneamente de la ansiedad por su ineficacia como hombre, al tiempo que proporcionan a su esposa una aparente gratificación masoquista..."[61]

La ciencia justificando el abuso, la sociedad normalizándolo y las mujeres, sobreviviéndolo.

Cada vez que recuerdo el chorro de los hidrantes abiertos, pienso que aquella agua tenía algo de purificación. Los niños corríamos desnudos de todo miedo, riendo bajo el sol. Era la única vez que el barrio entero —negros, boricuas, italianos— se permitía ser libre.

---

[61] *Psychiatry: The Wife Beater & His Wife. TIME Magazine*, 25 de septiembre de 1964. Disponible en:http://content.time.com/time/subscriber/article/0,33009,876203,00.html

24
De regreso a la isla

Para finales de 1966, mami había logrado lo que durante años había parecido imposible: regresar con nosotros a Puerto Rico de manera más permanente. Fue un retorno silencioso, sin despedidas ni reproches. Santos se quedó en Nueva York, aunque su voz —su sombra— siguió llegando a través de cartas que el cartero traía cada semana a nuestra casa en la calle El Bosque, en Santurce.

El cartero se llamaba Ramón Nazario. Cuando llegaba la correspondencia, Ramón, o Ramy como le llamábamos cariñosamente, anunciaba con un grito que se oía desde la esquina:

—¡Ada Luna!

Yo, que aún creía en la magia, escuchaba otra cosa:

—¡A la luna!

Y, en cierta forma, así era: aquellas cartas parecían venir de otro mundo, de un pasado que mami intentaba enterrar, pero que seguía orbitando sobre nosotros.

En la fotografía de esos años se me ve en bicicleta frente a la casa, sonriente, con mami, mi abuela de visita y mis hermanas apoyadas en la verja. Todo parece tranquilo, como si el dolor de Nueva York hubiera quedado allá lejos, flotando entre los edificios marrones de Garfield Place.

En mi bicicleta, frente a la casa de la calle El Bosque en Santurce, junto a mami, mi abuela que estaba de visita y mis hermanas.

Mis hermanos y hermanas mayores volvieron también a vivir con nosotros y, por primera vez en mucho tiempo, la casa respiraba alegría. Los fines de semana mami nos llevaba a San Juan, a la playa de Isla Verde, o a comprar ropa en González Padín, Franklyn's o la New York Department Store en la parada 18 de Santurce.

La distancia de Santos trajo una calma nueva. Mami recuperó la salud, el color en el rostro y la risa. Ya no hubo más ataques de nervios, botellas escondidas, ni voces quebradas al amanecer. Por fin, la casa era un refugio, no una trinchera.

Las historias oficiales hablan de la "*familia tradicional*" como un santuario, un lugar de amor y seguridad. Pero mami me enseñó, sin decirlo expresamente, que a veces ese hogar puede ser una prisión o un campo de guerra. Bajo el techo de la familia nuclear —ese modelo tan defendido por los predicadores del "buen orden"— se han escondido generaciones enteras de mujeres heridas y cosificadas, niños y niñas que aprenden el miedo antes que las palabras.

Pero mami eligió otra forma de amar, distinta a la de la familia nuclear tradicional. En su imperfección y su cansancio, pero también en su sabiduría, nos dio algo que Santos nunca pudo darnos: paz.

En Santurce, la vida recobró su ritmo natural. Yo caminaba cada mañana hacia la escuela Emilio Castelar, cruzando la Avenida Eduardo Conde con más valentía que juicio. Una vez, un carro me golpeó y me lanzó al suelo como un saco de papas. Desperté en los brazos del conductor, camino al hospital. No tuve más que rasguños, pero el susto nos unió aún más como familia.

Cuando mi hermana Ada —Lily— llegó a casa y le contaron lo sucedido, gritó con tal angustia que sentí lo que era ser amado con ferocidad. Mis hermanas Aida y María, dando ejemplo de su alto sentido de solidaridad, hasta se ofrecieron a cubrir mi ruta del periódico The San Juan Star, que yo repartía al amanecer por el vecindario.

El cartero Ramy me tomó cariño y me dejaba acompañarlo en sus recorridos por las calles El Bosque, Bouret y Barbé. A veces me compraba una hamburguesa y una cola champán en la cafetería de la esquina. En aquellos paseos aprendí más sobre la vida que en cualquier aula: el valor de la cortesía, la ternura, la amistad, el respeto, el consuelo, la solidaridad, el ritmo secreto de la ciudad y el eco de las voces que mantenían viva una comunidad.

Frente a nuestra casa vivía Don Narciso, un humilde carpintero, y su esposa Doña Andrea, que cuidaban a niños removidos de sus hogares por maltrato. Al lado, Don Jorge, hombre de mudanzas; detrás, Doña Hilda, su esposo y sus hijas; y a la izquierda, Doña Lucía, una anciana dulcísima que me pedía que le hiciera mandados al colmadito de Don Margaro, quien fiaba a los vecinos con una sonrisa y un apretón de manos.

Nadie nos debía nada, y sin embargo todos nos cuidaban. Don Narciso y yo jugábamos "cuadritos" de caballos; una vez ganamos diez dólares con cincuenta centavos, y él me hizo sentir que éramos socios de una gran empresa.

Aquellos vecinos, con sus oficios humildes y sus puertas abiertas, fueron la red que sostuvo nuestra reconstrucción. Nos dieron pertenencia y nos enseñaron que familia no siempre significa sangre.

El capitalismo y el patriarcado han trabajado con empeño para romper ese tejido comunitario, exaltando la competencia, el individualismo y el egoísmo, confinando a las familias en pequeñas cápsulas de aislamiento. Cuando una persona deja de conocer el nombre del vecino o la vecina que vive al lado, el maltrato encuentra el silencio y la apatía como cómplice. [62]

Mami recitaba en voz alta un poema que se había aprendido de memoria, y cada palabra parecía escrita para ella:
"*...Mas en nuestro hogar reina el contento Pues no falta ninguno de los hijos Si la miseria alguna vez alcanza A llegar al Umbral de nuestra puerta No la ha de hallar abierta Porque tenemos puesta la esperanza En aquel que de todos es consuelo Y con los ojos en la tierra fijos A los pobres bendice desde el cielo Y el pan les da para sus tiernos hijos...*"

Ese amor —incondicional, imperfecto, luminoso— fue nuestra casa verdadera. No estaba hecha de cemento ni de paredes, sino de las manos que nos cuidaron cuando todo parecía perdido.

[62] b. hooks, *All about love: New visions* (2000), p. 130.

25
El hombre del maletín

Entré a la escuela elemental Emilio Castelar, en Santurce, como quien llega a un puerto desconocido, con el acento aún húmedo de otro mar. Mi español venía salpicado de frases en inglés y, de pronto, apenas asomaba la nariz por la puerta del salón, algunos niños cantaban a coro: "¡Ahí viene el gringo!". Yo no me sentía gringo, ni de aquí ni de allá.

Era un niño con "jinchera" y un maletín que me había regalado mi hermano Adolfo, forrado por dentro con olor a cartón nuevo y, por fuera, con una calcomanía de la bandera monoestrellada. Ese maletín, orgulloso y solemne, me ganó otro apodo: el hombre del maletín, como la serie en televisión *Man in the Suitcase* (1967), que pasaban doblada al español y vista por muchos en la isla en esos años. Creo que debía ser el único niño que llevaba los cuadernos en un maletín con bandera; a mí me parecía un pequeño escudo.

Mis notas eran un campo de batalla: D y F por todas partes, salvo en inglés, donde la A me iluminaba como una luciérnaga testaruda. Lo demás me costaba, y no ayudaba que la directora, Miss Martínez, practicara una pedagogía de cocotazos y jalones de oreja.

El primer día que llegué tarde me atrapó con una fuerza de agujero negro: me alzó por la camisa, dos cocotazos en la cabeza, torniquete en la oreja izquierda y un empujón contra las escaleras. Lo que más me dolió fue la humillación. No se lo conté a mami ni a mis hermanas. Aprendí la lección: la próxima vez que se me hiciera tarde, me daría la vuelta y diría en casa que suspendieron las clases por falta de agua o luz. En dos ocasiones recurrí a esa excusa, y me valió dos días de vacaciones escolares.

En la Castelar la sexualidad era un secreto a voces. No había educación formal, apenas susurros y travesuras. Algunos chicos llevaban un pedacito de espejo amarrado al zapato, y cuando podían intentaban ligar los pantis de las niñas. Alguna que otra niña reaccionaba con una bofetada que entonces me parecía un acto de legítima defensa. Creo que la posibilidad de recibir otro jalón de orejas fue suficiente disuasivo para mí.

Cuando un niño quería declarar su amor inventaba tarjetitas de cartulina escritas a máquina que leían:

USTED ES LA CHICA QUE ME GUSTA. SI QUIERE SER MI NOVIA, FAVOR DE ENTREGARME EL:
SI --------------------- *o* --------------------- *NO*

La gracia estaba en que la niña arrancaba el lado que elegía. Yo se la di a Martita, que me había defendido más de una vez del acoso escolar. Se acercó tímida, me puso en la mano un recorte y salió "a las millas de chaflán". Abrí el puño temblando y allí estaba, luminoso como una promesa: SI. Fui el niño más feliz de la Castelar por un fin de semana.
El lunes siguiente, Martita me anunció que se mudaba a Bayamón. Nos despedimos con un besito en la mejilla y con eso terminó mi noviazgo más breve y más puro.

Con el tiempo comprendí que la Castelar, como tantas escuelas públicas y privadas, repetía sin pudor las jerarquías del patriarcado: obediencia ciega, castigo ejemplar, humillación como método. La escuela que sanciona en lugar de acompañar empuja a muchos al túnel del castigo que comunica con la mal llamada justicia juvenil y, más tarde, con la cárcel de adultos. Los niños diferentes —negros, hispanos, indígenas, pobres, estudiantes con discapacidad— pagan siempre primero. El resultado no es orden, sino desolación y violencia institucional. [63]

Durante mis años en la elemental, la intermedia y la superior me sorprendía ver cómo niñas de apenas once, catorce o dieciséis años tenían que abandonar la escuela al quedar embarazadas.[64] En casa tampoco se hablaba del tema. Era tabú. Mi primer "manual" fue una revista escondida en la canasta de ropa sucia en casa de mis primos en Guayama: una fotonovela llamada *Pimienta.*

---

[63] Sectores conservadores han logrado revertir avances en la educación; particularmente bajo la administración de Donald Trump, quien el 23 de abril de 2025 emitió una orden ejecutiva que legitima la disciplina punitiva en las escuelas.Kayla Patrick, *Executive Order on School Discipline Could Roll Back Progress*, The Century Foundation (2025). Disponible en: https://tcf.org/content/commentary/executive-order-on-school-discipline-could-roll-back-progress/

[64] La educación sexual en Puerto Rico continúa ofreciéndose de forma incompleta, superficial y, en muchos casos, tardía, cuando las y los jóvenes ya son sexualmente activos. Como efecto de esta realidad, para el año 2019, 1,876 jóvenes puertorriqueñas entre las edades de 15 a 19 años dieron a luz tras embarazos no planificados. *"El P.A.D.: una amenaza a la salud sexual y reproductiva de la juventud." Microjuris al Día* (6 de julio de 2022). Disponible en: https://aldia.microjuris.com/2022/07/06/columna-el-pad-una-amenaza-a-la-salud-sexual-y-reproductiva-de-la-juventud/

La hojeé con la mezcla exacta de fascinación y culpa que produce todo lo que se aprende a escondidas.

En la escuela superior apareció por fin un curso de salud, apresurado y pudoroso, cuando muchos ya andaban con preguntas —y prácticas— a cuestas. La ausencia de educación sexual formal no dejó un vacío: lo llenó la pornografía, maestra clandestina de generaciones, disponible hoy a un clic y sin advertencia alguna. [65] Lo que la escuela y la familia no nombraron, la pantalla lo enseñó a su manera: distorsionando el cuerpo, borrando el consentimiento y convirtiendo la sexualidad en un espectáculo de dominación. [66]

Hablar y educar responsablemente sobre la sexualidad desde los grados primarios es fundamental si queremos erradicar la violencia patriarcal. Quienes se oponen invocan "la inocencia", como si la ignorancia fuera un escudo.[67] Pero no lo es. La ignorancia no protege a los niños; los deja solos frente a lo que nadie quiso explicarles. [68]

Yo, aquel niño del maletín con bandera y la jinchera de otro clima, aprendí a sobrevivir entre cocotazos y tarjetas cortadas. Hoy sé que la escuela puede ser otra cosa: un lugar donde nadie grite "ahí viene el gringo", donde no se castigue la diferencia, y donde la sexualidad y el amor —ese idioma que todavía aprendo— no se degraden ni duelan.

---

[65] A nivel mundial, la industria del llamado "entretenimiento para adultos" o pornografía supera los 100 mil millones de dólares anuales, según una publicación de Instagram de enero de 2025. En los Estados Unidos, el mercado se estimó en 23.4 mil millones en 2023, y se proyecta un crecimiento sostenido con una tasa anual (CAGR) del 3.7 % entre 2023 y 2030. También se prevé que el mercado aumente de 65.95 mil millones en 2024 a 71.95 mil millones en 2025, con una CAGR del 9.1 %.*Cognitive Market Research, "North America Adult Entertainment Market Report 2025."* Disponible en:
https://www.cognitivemarketresearch.com/regional-analysis/north-america-adult-entertainment-market-report

[66] Ruiz Duarte, Elsy Alejandra (2022). *La mirada pornográfica patriarcal: la industria pornográfica como apología de la violencia de género.* EPIKEIA, Revista del Departamento de Ciencias Sociales y Humanidades. Disponible en: https://epikeia.iberoleon.mx/numeros/44/la-mirada-pornografica-patriarcal.pdf

[67] Leoncio Barrios, *Conservadores del mundo uníos… contra la educación sexual*, Efecto Cocuyo, 19 de agosto de 2023.
Disponible en: https://efectococuyo.com/opinion/conservadores-del-mundo-unios-contra-la-educacion-sexual/

[68] En Estados Unidos, 26 estados no exigen educación sexual, y en aquellos que sí la incluyen, a menudo se basa exclusivamente en la abstinencia. Solo 13 estados requieren que el material sea científicamente preciso. Paulette Delgado, *"La importancia de la educación sexual"*, 18 de agosto de 2022. Disponible en: https://observatorio.tec.mx/la-importancia-de-la-educacion-sexual/

26
Mientras yo me divertía

Recostado sobre el hombro de Adolfo junto a mami y mis hermanas en el sofá en Santurce.

Desde 1966 hasta 1969 viví con mami, mi hermano Adolfo y mis tres hermanas, primero en Santurce, en la calle El Bosque, y luego en Guaynabo, en la urbanización Tintillo Gardens. Adolfo y Lily se casaron y partieron, aunque nunca se fueron del todo: nos visitaban casi todos los días, trayendo consigo el rumor de otras vidas.

Durante esos años compartí más con María y Aida, mis hermanas de risas y confidencias, las mismas que, cuando me perdía jugando por el vecindario, me llamaban con aquel silbido agudo que era, a la vez, advertencia y abrazo: "¡Fui-fui-fui-fuiooo!".

Esa melodía de regreso a casa marcó mi infancia tanto como las canciones de los Beatles —*Hey Jude* y *All You Need Is Love*—, junto al Bugaloo que el Gran Combo popularizó en la isla, y en 1970 la inolvidable canción de protesta *Monón* de Roy Brown, que sonaban en la radio.

Los privilegios del hijo varón

Siguiendo las costumbres del patriarcado, mami nos concedía a mis hermanos y a mí libertades que a ellas les estaban vedadas. Yo salía sin rumbo, explorando calles y solares, mientras mis hermanas debían quedarse en casa, entre el zumbido del abanico y el vapor del planchado.

Hace poco le pregunté a María qué hacía mientras yo andaba con mis amigos. Sonrió, con una mezcla de ironía y ternura, y me respondió: "Mientras tú te divertías en la calle o corrías en bicicleta, nosotras lavábamos tu ropa, fregábamos los trastes, barríamos, pasábamos el mapo[69], recogíamos los cuartos y, si quedaba tiempo, hacíamos las tareas o veíamos algo de televisión".

Así de simple. Mientras los hombres jugaban, las mujeres sostenían el mundo. [70]

Mi primer despido de un empleo

Una vez mis hermanas me propusieron un trato: "Si nos liberas del fregado por toda la semana, te pagamos cinco dólares".

Cinco dólares eran una fortuna. Acepté, emocionado por mi primer trabajo asalariado. Fregué lunes y martes con disciplina, pero el miércoles Julito llegó temprano del trabajo y me sorprendió en plena faena. "¿Qué carajo haces tú fregando? ¿Dónde están tus hermanas?".

Por mucho que le expliqué el acuerdo, no me escuchó. En su mundo, fregar era cosa de mujeres. Me "despidió" sin derecho a reconsideración ni apelación, y mis hermanas, abogadas natas, se negaron a pagarme por los dos días: "Acordamos que era toda la semana".

Esa fue mi primera lección en Derecho de Obligaciones y Contratos, y también mi primer encontronazo con la división sexual del trabajo.

---

[69] En Puerto Rico, *mapo* es un aparato compuesto por un mazo de cordones absorbentes y un mango largo, utilizado para humedecer y limpiar los suelos. En otros países se conoce como *trapeador.*

[70] Véase: Josefina L. Martínez y Cynthia Luz Burgueño, *Patriarcado y capitalismo: Feminismo, clase y diversidad*, Ediciones Akal, 2019, p. 89.9

El trabajo invisible de las mujeres

Gran parte de la vida de mami y de mis hermanas se consumió en el trabajo doméstico. El patriarcado capitalista les asignó esa labor como si fuera una vocación natural, un deber biológico que no merecía salario ni reconocimiento. [71]

Ese trabajo —cocinar, fregar, lavar, cuidar, criar, sostener— era, y sigue siendo, el motor oculto del sistema económico. Cada camisa planchada, cada infante alimentado, cada enfermo atendido y cada anciano higienizado con ternura sostienen la economía tanto como una oficina o una fábrica. El capitalismo y el patriarcado se sostienen sobre la mentira de que el trabajo de las mujeres es amor, y por tanto no debe ser remunerado.

La década de los setenta trajo vientos de cambio. En Europa surgió el movimiento *Salario para el trabajo doméstico*, impulsado por mujeres como Silvia Federici, Selma James y Mariarosa Dalla Costa. Ellas denunciaron lo que el sistema había ocultado durante siglos: que la riqueza del mundo descansaba sobre los hombros cansados de las mujeres. Su lucha no era solo por dinero, sino por dignidad: tiempo libre, servicios comunitarios, centros de cuidado, derecho a vivir.

El espejo roto de la equidad

A pesar de los avances, la desigualdad persiste. En Puerto Rico, el primer Informe de Equidad Salarial presentado en septiembre de 2024 encontró que las mujeres puertorriqueñas ganan un 17% menos que los hombres por realizar las mismas tareas. [72] En Estados Unidos, las mujeres reciben en promedio 84 centavos por cada dólar que gana un hombre —cifra que cae a 55 centavos para las latinas y a 64 para las mujeres negras. [73]Al ritmo actual de progreso, se

[71] The economic case against unpaid domestic work: "Compensating people for tasks like housework and childcare could bring about a more just — not to mention wealthier — society." Disponible en: https://qz.com/the-economic-case-against-unpaid-domestic-work-1849572829

[72] María Hernández Feo. *Aumenta la brecha salarial entre hombres y mujeres: Organizaciones piden acciones afirmativas para corregir este problema.* EL VOCERO, 06/09/2024. Disponible en: https://www.elvocero.com/actualidad/aumenta-la-brecha-salarial-entre-hombres-y-mujeres/article_dc158e60-6bd1-11ef-8b29-bf433194bee3.html

[73] Katherine Haan. *Gender Pay Gap Statistics in 2024.* Forbes Advisor. Disponible en: https://www.forbes.com/advisor/business/gender-pay-gap-statistics/

estima que se necesitarán 134 años para lograr la paridad de género a nivel mundial.[74]

El contraste con Europa es revelador. En España, la licencia de maternidad se paga al 100% del salario durante 16 semanas, con igual derecho para la paternidad desde 2021.[75] En Estados Unidos, la ley federal concede apenas 12 semanas sin paga.[76] Esa diferencia no es un detalle administrativo: es una declaración sobre el valor que cada sociedad le asigna al cuidado y a las mujeres que lo sostienen.[77]

Reflexión final

Pienso en aquella foto antigua —mis hermanas sentadas en el sofá, sonrientes y cansadas— y veo en ellas una genealogía de resistencia. Sin saberlo, desafiaban el orden establecido: su risa era una forma de huelga; su ternura, un acto político.[78]

Yo, el hermano que jugaba en la calle mientras ellas fregaban, aprendí demasiado tarde que la libertad tiene género. Y que mientras no exista salario justo, reconocimiento y tiempo libre para las mujeres, la palabra *equidad* seguirá siendo solo una promesa escrita en tinta invisible.

---

[74] *Global Gender Gap Report 2024: It Will Take 134 Years to Reach Gender Parity.* UNRIC – United Nations Regional Information Centre. Disponible en: https://unric.org/en/global-gender-gap-report-2024-it-will-take-134-years-to-reach-gender-parity/

[75] ESADE EcPol. *Qué sabemos sobre el uso de los permisos de paternidad en España.* Disponible en: https://www.esade.edu/ecpol/es/publicaciones/que-sabemos-sobre-el-uso-de-los-permisos-de-paternidad-en-espana/

[76] U.S. Department of Labor. *Family and Medical Leave Act (FMLA) – Final Rule FAQ.* Disponible en: https://www.dol.gov/agencies/whd/fmla/final-rule/faq#:~:text=An%20employee's%20ability%20to%20use,the%20birth%20of%20a%20child

[77] Edward Glaeser, *Why Doesn't the U.S. Have a European-Style Welfare State?* Harvard University. Disponible en: https://www.nber.org/system/files/working_papers/w8524/w8524.pdf

[78] Sí, la ternura puede ser un acto político. Porque en un mundo que celebra la dureza y la crueldad, acariciar es rebelarse. La ternura desarma al poder, rompe el cerco de la indiferencia y desafía la violencia con la fuerza de lo humano. Es un gesto que cuida, que une, que recuerda que no estamos solos. Cuando el cuidado se vuelve público y el amor se hace colectivo, la ternura deja de ser un susurro y se convierte en una forma de revolución: una manera de imaginar y construir sociedades más justas, desde la piel hasta el alma.

27
La Calle 3

La casa de Tintillo Gardens olía a cemento nuevo y a pintura reciente. Era un rectángulo modesto de tres cuartos, una sala mínima, un comedor estrecho y una cocina donde cabían, apretados, los sueños de mami. Las casas construidas en la calle 3 eran para familias con ingresos medios y modestos. Julito la compró con su sueldo de la compañía Goya y un préstamo que parecía interminable; firmó con el pulso firme de quien se siente adulto porque le han entregado un juego de llaves.

En el cuarto matrimonial —con baño propio, lujo de príncipe— dormían él y su esposa; mami y yo compartíamos el segundo, y Aida y María el tercero. Por la misma calle, Lily se mudó poco después; Adolfo hizo escala en su casa antes de casarse. La familia, como esas plantas testarudas que crecen entre las grietas del concreto, siempre encontraba dónde afincar sus raíces.

La calle 3 era un borde: por un lado, el comienzo de Tintillo Gardens, con sus casas grandes, jardineras geométricas y autos relucientes; por el otro, la barriada Juan Domingo, forrada de casitas de madera y techos de zinc, donde el hilo de la ropa tendida parecía una banderita que saludaba al viento. Detrás de nosotros se extendía el resto de la urbanización con sus casas lujosas. Allí llegaron a vivir personajes famosos: Eddie Miró con su sonrisa de cabaret y Lucecita Benítez, la voz nacional de Puerto Rico.

En aquellos tiempos —era 1970— yo me la pasaba jugando con mis amigos en el barrio de Juan Domingo, y seguía aprendiendo a distinguir la hora por el silbido de Aida y María llamándome a casa —"¡Fui-fui-fui-fuiooo!"— cuando el sol se rendía sobre el filo del atardecer.

Con mis amigos Antonio y Gabriel jugué pelota en el parque de la urbanización sin que nadie pidiera documentos, ni carné, ni linaje. Entonces los portones no existían ni guardias de seguridad. Las tardes olían a fritura y a gasolina, y el respeto tenía todavía la textura de una conversación en la verja: "¿Cómo está tu mamá? ¿Te trajeron bien las notas?".

Luego de graduarme de la escuela intermedia del Barrio Juan Domingo, mami, mis hermanas y yo regresamos a vivir a Santurce. Tintillo fue cambiando de piel con los años. Levantaron verjas de hierro y portones con guardias, cámaras que todo lo miran y nada comprenden. Se aisló la barriada y la calle 3 del resto del vecindario. Los muchachos de Juan Domingo dejaron de tener acceso libre al parque, las calles y las canchas. Donde antes había paso, quedó un silencio de cerradura.

Los portones no solo dividen tierra, también cercan miradas. Desde la comodidad, el de afuera se vuelve una sombra sospechosa; desde la necesidad, el de adentro se vuelve un fantasma que acapara. En el lenguaje domesticado de los periódicos lo llaman "controles de acceso"; en la vida real es clasismo con uniforme.

A mí, muchacho de esquina y pelota, del maletín con la bandera, me duele esa costura mal hecha. Recuerdo a Doña Visi, que compartía café por la mañana y noticias por la tarde; a Tato, que arreglaba bicicletas con alambres y milagros; a Don Moncho, que echaba un chorro de manguera en la acera para bajar el calor de julio y convocaba a medio barrio a la risa. ¿Cómo ponerles candado a esos recuerdos? ¿Cómo convertir en sospechosos a quienes me enseñaron la ética sencilla del saludo?

Años después, ya ejerciendo como abogado, escuché a clientes que evitaban decir dónde vivían en una solicitud de empleo: "No digo que vivo en el residencial Llorens Torres, igual cuando vivía en la barriada, licenciado, porque no me daban el trabajo". El portón, entendí, no termina en la verja: se cuela en el formulario, en la entrevista de trabajo, en el gesto que evalúa zapatos y apellidos como si fueran sentencia.

Juan Domingo y Tintillo me enseñaron la cartografía íntima de un país: la belleza que florece con nada y el miedo que levanta murallas. Lo contrario de un portón no es una puerta abierta, sino un encuentro: parques sin aduanas, escuelas que mezclen acentos, bancos del parque donde se siente cualquiera, al sol, a conversar sin contraseña.

A veces sueño que vuelvo a la calle 3 y escucho el silbido de mis hermanas cortando la tarde. Cruzo la línea donde hoy hay una verja y me esperan Antonio y Gabriel, mis amigos de siempre, con un guante de béisbol y un vaso de jugo tibio. Nadie me mira como intruso. El guardia de seguridad ha colgado el uniforme y riega las flores. Lucecita canta desde alguna ventana, Eddie saluda con un chiste, y la pelota rueda hasta el barrio como si el portón nunca hubiese existido.

Portones y verjas cerrando el acceso de residentes de la calle 3 y de la barriada Juan Domingo al resto de la urbanización Tintillo Gardens y sus áreas comunes, donde residen las familias con mayores recursos e ingresos económicos.

Foto tomada por autor. (noviembre, 2024).

28
Julito

Si tengo un hermano / Hermano que arde / Hermano mestizo / Hermano de hambre / Empapo mis himnos / Con luz de su aire / Tiño mi bandera / También de su sangre
Si tengo un hermano / Hermano de suerte / Hermano de vida / De historia y de muerte / No mido sus años / Su poca fortuna / No mido su tacha / Ni mido su altura
— Silvio Rodríguez

Cada vez que escucho a Silvio Rodríguez me viene a la memoria Julito. Dicen mis hermanas que desde niño fue un torbellino de inquietud y travesura. Mami y papi lo regañaban a menudo por su rebeldía, esa chispa de inconformidad que lo acompañaría toda la vida. Nunca se sintió cómodo bajo la rigidez patriarcal; su espíritu era libre, indomable, y no dudaba en desafiar la autoridad cuando esta le parecía injusta.

Una maestra en Nueva York, cegada por prejuicios, le dijo que debía negar su nacionalidad puertorriqueña. Julito, con la dignidad que solo poseen los que saben quiénes son, le pidió a mami regresar a Puerto Rico. Quizás esa fue la chispa que encendió su deseo de volver a Guayama, al hogar de mis abuelos y de Titi Nina, junto a nuestras hermanas Lily y Aida, y nuestro hermano Adolfo. Allí, entre los vientos del sur y el aroma del café recién colado, Julito floreció. A pesar de su espíritu contestatario, fue un estudiante sobresaliente y un deportista entusiasta: destacaba en el atletismo y en el béisbol, con esa mezcla de talento y pasión que lo caracterizaba.

Mi hermano mayor tuvo que crecer demasiado pronto. En las familias donde los padres se separan, los hijos mayores suelen cargar con responsabilidades que no les corresponden, y Julito asumió ese papel sin protestar. Cuando mi padre se alejó y luego también mi padrastro, él llenó ese vacío con una madurez que la vida le impuso antes de tiempo.

El primer dinero que ganó, trabajando en una tienda de zapatos en Guayama, lo usó, no para sí mismo, sino para comprar los zapatos escolares de mis hermanas y de Adolfo. Aida, inconforme con el estilo "bodrogo"[79] de sus zapatos, protestó, y Julito, sin perder la paciencia, se los cambió con una sonrisa. Ese gesto lo retrata mejor que cualquier palabra. Años después, cuando Aida contrajo matrimonio, ante la ausencia de papi, fue Julito quien, sin pensarlo dos veces, desfiló con orgullo y ternura de la mano de mi hermana.

El primer auto que tuve también se lo debo a él. Quería que yo pudiera ir a la universidad sin depender del transporte público. Con sus recursos limitados, me compró un Plymouth Valiant color verde menta, modelo 1963, automático, con aquellos botones en el tablero para los cambios. Mi primer trabajo, en una ferretería de Santurce, también llegó gracias a su ayuda.

En mis años de estudiante de Derecho, cuando la duda me devoraba y una oferta de trabajo amenazaba con desviarme del camino, fue Julito quien me dio la claridad que necesitaba. Desde Boston College lo llamé buscando consejo y él me respondió con esa mezcla de firmeza y cariño que solo los hermanos mayores saben usar: "En la vida hay dos clases de personas: las que nunca terminan lo que comienzan, y las que lo hacen, alcanzando con ello sus sueños. No te deslumbres por un salario momentáneo; cuando termines tus estudios tendrás algo mucho mejor. ¡No comas mierda, hermanito! ¡Termina tus estudios!".

Seguí su consejo y me convertí en abogado. Le debo más de lo que él imaginó.

Sin embargo, su noción de masculinidad se forjó en el molde rígido del patriarcado. Creció creyendo que el hombre era el jefe del hogar, que la mujer debía ocupar un lugar de obediencia y que el alcohol era símbolo de

[79] "Bodrogo" se llamaba en Puerto Rico a un estilo de zapato rústico y ancho que estaba de moda en esa época y que se utilizaba mucho para ir a la escuela.

virilidad. Como tantos otros, fue moldeado por una sociedad que confunde el poder con el valor y la autoridad con el amor.

Recuerdo una noche en que, medio borracho, insistió en que brindáramos con ron Don Q. Yo me negaba, fiel a la promesa que me había hecho de niño, pero su insistencia era persistente y juguetona. Hasta me ofreció un dólar si aceptaba un trago. Cedí, y al probar aquel ron sentí el fuego arderme la garganta. Él soltó una carcajada que llenó la casa. Cuando le reclamé el dólar, me dijo entre risas: "¿Tras que me bebes el ron también quieres que te pague? ¡Nada que ver!". Así era él: duro y tierno, contradictorio y humano.

Pero el proceso de "hacerse hombre" en una cultura patriarcal tiene sus trampas. En su vida, como en la de tantos, el alcohol y la infidelidad se cruzaron con la frustración y la soledad. Su afición por la bebida le trajo problemas de salud y lo alejó, poco a poco, de sí mismo. Varias veces chocó por conducir ebrio.[80] En una de esas ocasiones se estrelló contra un poste de luz. Milagrosamente salió ileso, como si la vida todavía no estuviera lista para dejarlo ir.

Viviendo con él en Tintillo, una noche, los gritos entre él y mi cuñada me despertaron. Tenía apenas trece años. Escuché los insultos, los sollozos y el eco de una escena que ya conocía: los pleitos entre mami y Santos. Me senté en el pasillo a llorar, impotente. Cuando Julito salió, me vio y me dijo: "Vete a dormir, hermanito, no pasa nada. Es cosa de adultos". Pero yo sabía que no todo estaba bien.

El sistema que lo formó para ser jefe en casa lo obligó a obedecer en el trabajo, y esa contradicción también lo fue consumiendo por dentro. Intentó tener su propio negocio, soñando con independencia, pero se topó con la competencia desleal, la burocracia y las trabas que asfixian a los pequeños comerciantes. Así regresó, resignado, al mundo del trabajo asalariado.

---

[80] Durante los años 2021 y 2022 se reportaron 608 muertes por fatalidades en las carreteras, y de estas cifras, 262 estaban relacionadas con el consumo de alcohol, lo que representa un 43%. En el 2023 hubo 299 muertes en nuestras carreteras, muchas de las cuales fueron también provocadas por conductores en estado de embriaguez:

//www.primerahora.com/noticias/gobierno-politica/notas/peligro-al-volante-sin-freno-los-borrachos-reincidentes/

La clase trabajadora asalariada carga el peso de la contribución más alta y dispone del tiempo más escaso para dedicarle a aquellos que ama.[81] Trabajan para pagar una casa que apenas disfrutan, un televisor que casi no miran y un auto que los lleva del trabajo a la casa y de la casa al trabajo.[82] Muchos mueren antes de tiempo, víctimas del estrés, enfermedad y desencanto.[83]

Julito no lo sabía, pero el exceso de alcohol y la diabetes minaron su cuerpo. A principios de los noventa tuvo que someterse a un trasplante de riñón. Fue entonces cuando Aida, nuestra querida hermana, le donó uno de los suyos sin dudarlo. En ese gesto silencioso estaba todo lo que siempre supe de ella: su generosidad sin límites y su amor que sostenía el mundo sin pedir nada a cambio. Ese riñón le regaló algunos años más de vida.

Sin embargo, la muerte, paciente y silenciosa, lo aguardaba. Se fue a los 59 años. Aún recuerdo la última vez que lo vi: lo sacaban del hospital, ya sin sus piernas, pero con esa mirada dulce y resignada que parecía decirme: "Hasta luego, hermanito".

Mi cuñada permaneció junto a él hasta el final. Años después, cuando la muerte la rondaba, pidió a su hija que no la enterraran junto a Julito, sino en la tumba de su madre. "Solo quiero descansar en paz", dijo. ¿Acaso fue un grito silencioso de liberación contra el patriarcado? No lo sé. Lo que sí sé es que cumplió con su con promesa matrimonial.

Julito fue un hombre de su tiempo, con luces y sombras, con virtudes que lo engrandecían y defectos que lo hacían humano.

Lo recuerdo con ternura, porque en su historia vive también la nuestra.

---

[81] Vaughn, Kassandra. *You Will Spend 90,000 Hours of Your Lifetime at Work — Are You Happy?* **Medium**. Disponible en:https://kassandravaughn.medium.com/you-will-spend-90-000-hours-of-your-lifetime-at-work-are-you-happy-5a2b5b0120ff

[82] *Job Dissatisfaction Statistics: Latest Data & Summary.* Wifitalents, agosto 2024. Disponible en: https://wifitalents.com/statistic/job-dissatisfaction/

[83] *Dying for a Paycheck – Summary & Review.* LifeClub. Disponible En:https://lifeclub.org/books/dying-for-a-paycheck-jeffrey-pfeffer-review-summary

29
Acoso escolar y masculinidad

Escuela Intermedia Juan Ponce de León, ubicada en Guaynabo. CARR 2 KM 7 HM 3, BO Juan Domingo.

Cuando vivíamos con Julito en Guaynabo, mi hermana María y yo fuimos matriculados en la escuela pública intermedia Juan Ponce de León, donde estudiaban los niños y niñas del barrio Juan Domingo. Aquel era un mundo nuevo para mí, un hervidero de voces, juegos y tensiones donde se mezclaban la pobreza y la esperanza.

Mami me inscribió sin saber que las escuelas clasificaban a los estudiantes según el promedio académico. Mis notas me colocaron en el grupo 7-10, el último, el de los descartados, como decían algunos maestros. En esa época la escala era simple y cruel: el grupo 7-1 reunía a los estudiantes brillantes; el 7-10, a los que nadie esperaba nada.

Pero algo cambió aquel primer semestre de 1970. Sin entender muy bien por qué, los maestros comenzaron a subir mi número de grupo: del 7-10 al 7-8, luego al 7-5, hasta que, al iniciar el segundo semestre, me ubicaron en el 7-1. Todavía creo que un ángel me acompañó durante ese trayecto, alguien invisible que me tomó de la mano y me convenció de que no pertenecía a la cola de nadie.

En 7-1 tuve mi primera pelea escolar. Uno de los muchachos, famoso por su carácter violento, comenzó a burlarse de mí en los pasillos, empujándome con el hombro y lanzando insultos cada vez que pasaba. Una tarde me dijo:

—Te espero cuando salgas de clase. No te escapas hoy.

El timbre sonó y el miedo me paralizó. Intenté huir, pero allí estaba él, esperándome frente al portón de la escuela.

—¿Pa' dónde vas? ¿Qué pasa, te volviste nena, patito? ¡Pelea!

Antes de poder responder, recibí varios golpes en el rostro. Todo fue ruido y caos. Instintivamente me lancé hacia sus piernas, intentando derribarlo con una llave de jiujitsu que jamás llegué a aprender, pero él gritaba:

—¡Pelea como un macho, suelta mis piernas!

En ese instante apareció un estudiante de noveno grado que se interpuso entre nosotros.

—Déjalo ya —le dijo con autoridad—. Si quieres pelear, pelea conmigo.

Mi agresor retrocedió y yo quedé temblando, con los ojos inflamados y el alma hecha un nudo. Aquel desconocido se convirtió después en uno de mis mejores amigos. Fue, sin duda, mi segundo ángel del 7-1. Desde entonces no volví a pelear.

Con el tiempo, entendí que aquella escena era apenas un reflejo de algo más profundo. En la escuela intermedia y luego en la superior presencié decenas de actos de acoso: insultos, empujones, papeles pegados en la espalda con frases infames como: "Cabrón. Pato. Loca. Marica".

A uno de mis mejores amigos le pegaron un cartel en el pantalón que decía: "Soy pato, patéame el culo". Las risas de los demás fueron cuchillos. Él, al descubrirlo, arrancó el papel y siguió caminando, pero su mirada tenía algo roto. Nunca volvió a ser el mismo.

Años después, en 2020, aquel recuerdo regresó con violencia cuando vi en las redes el video del asesinato de Alexa Negrón Luciano, una mujer transgénero que fue hostigada, perseguida y asesinada por jóvenes que grabaron su crimen como si fuera un juego.[84] En ese instante entendí que el acoso que veíamos en los pasillos de la escuela no era una travesura, sino el ensayo de una tragedia mayor.

---

[84] *Asesinato de Alexa en Puerto Rico: la conmoción en la isla por la muerte de la mujer transgénero sin hogar que fue baleada en un 'crimen de odio'"*, por Lioman Lima, *BBC News Mundo*, 28 de febrero de 2020. Disponible en:https://www.bbc.com/mundo/noticias-america-latina-51651893

El acoso escolar está profundamente enraizado en los valores que nuestra sociedad patriarcal ha promovido durante generaciones. Desde temprana edad, los niños reciben mensajes que refuerzan la agresividad, la dominación y la ausencia de empatía como elementos clave de la masculinidad. Esa educación no solo daña a las mujeres: persigue y destruye a todo aquel que no encaje en el molde, especialmente a las personas de la comunidad LGBTQIA+. Seis de los cuarenta y cuatro asesinatos de personas transgénero reportados en Estados Unidos en 2020 ocurrieron en Puerto Rico, un país que apenas representa el uno por ciento de la población del norte.[85] En América Latina, según varios estudios, la esperanza de vida de las personas trans no supera los 35 años y el desempleo ronda el ochenta por ciento.[86]

Los medios también son maestros y a menudo, malos maestros. En el cine y la televisión el héroe suele ser el hombre violento, el que golpea, el que conquista. La ternura, en cambio, se ridiculiza. Se nos enseña que el poder es masculino y la sensibilidad, debilidad. Así se legitima la crueldad desde la pantalla hasta el patio de recreo.

Debemos desarmar el mito de que los hombres son violentos por naturaleza. No nacen así: son educados así. La violencia no es biológica, es política. El problema no es el sexo masculino, sino el sistema que lo moldea. [87]

Incorporar la perspectiva de género en la educación, desde los grados primarios, no es una concesión ideológica — es una herramienta necesaria para construir una sociedad donde ningún niño tenga que ser humillado o golpeado en los pasillos de su escuela por el simple hecho de ser diferente.[88]

---

[85] *"Puerto Rico, epicentro de violencia contra personas transgénero en EE.UU."*, Univision. Disponible en:
https://www.univision.com/local/puerto-rico-wlii/puerto-rico-epicentro-violencia-transgenero-eeuu

• Véase además: *ILGA World Database – Criminalisation of Consensual Same-Sex Sexual Acts.* Disponible en:
https://database.ilga.org/criminalisation-consensual-same-sex-sexual-acts

[86] El estado de los derechos de las personas trans en las Américas 2025: reconocimiento, contradicciones, violencia y retrocesos por Gimena Sánchez-Garzoli en :
https://www.wola.org/es/analysis/el-estado-de-los-derechos-de-las-personas-trans-en-las-americas-reconocimiento-contradicciones-violencia-y-retrocesos/

[87]*Martínez y Burgueño*, *Patriarcado y Capitalismo*, pp. 117–118.

[88] *¿Qué es la perspectiva de género y por qué es importante?* Educo ONG. Disponible en:

https://www.educo.org/blog/que-es-perspectiva-de-genero-y-su-importancia

Aquel niño de séptimo grado que temía al "peleador" no imaginaba que años después escribiría sobre la violencia como un mal estructural. Pero, en el fondo, todo empezó en un pequeño apartamento en la calle Garfield Place en Nueva York, rezando un Ángel de la guarda para sobrevivir los gritos de la noche.

30
El himno escolar

89

Mi escuela intermedia no llevaba por nombre a ningún representante de nuestra clase social. Ninguno de nosotros podía identificarse con aquel soldado español de nariz respingada, rostro pálido, luciendo un sombrero del que sobresalía una ridícula pluma de avestruz. La mayoría proveníamos de familias trabajadoras del barrio Juan Domingo, y sin embargo cada mañana en nuestro salón hogar teníamos que cantar de pie y mano en pecho, un himno que aún hoy me resulta insoportable:

"A nuestras playas llegó un buen día un enviado de la madre Patria. Para traernos su noble hidalguía y las semillas de una nueva raza. Así empezó a guiar nuestro pueblo hacia una nueva civilización. En nuestras almas siempre vivirá el gran Juan Ponce de León".

Nadie nos explicó quién era realmente aquel hombre. Nadie nos dijo que el "gran Juan Ponce de León" no era un héroe sino el primer gobernador colonial de Puerto Rico, responsable de la aniquilación de los pueblos taínos que habitaban la isla antes de su llegada. La escuela nos enseñó a venerar al invasor con la misma naturalidad con que nos enseñó a dividir fracciones.

---

[89] Imagen de dominio publico sobre la conquista espanola en Wikimedia Cmmons:https://commons.wikimedia.org/w/index.php?search=spanish+genocide+conquest &title=Special%3AMediaSearch&type=image

90

Fue mucho después, leyendo a Fray Bartolomé de las Casas, cuando entendí la magnitud de lo que aquel himno celebraba. De las Casas denunció no solo la aniquilación de pueblos enteros, sino la violencia dirigida específicamente contra las mujeres indígenas y negras, cuyos cuerpos se convirtieron en territorio de conquista.[91] Las mujeres cargaron con el peso más cruel de la colonización: la opresión racial, sexual y económica, simultánea e implacable.

La historia contada por los vencedores y la otra cara

Nuestra historia, como casi todas, fue escrita por hombres blancos, ricos y poderosos. Una historia de vencedores, donde los pobres, las mujeres, los negros y los indígenas apenas aparecen, y si lo hacen, es como notas al pie. Pero esa historia incompleta ha ido cediendo terreno. Gracias a una nueva generación de escritores y pensadores puertorriqueños, hemos comenzado a recuperar la memoria de los que fueron silenciados.

Poco a poco, sus nombres han regresado a las calles y las plazas: Pedro Albizu Campos, Eduardo Conde, Luisa Capetillo —pionera del feminismo obrero—, Ana Roque Duprey —fundadora del sufragismo puertorriqueño—,

---

[90] Imagen de Dominio Publico en: https://commons.wikimedia.org/wiki/File:Appletons%27_Ponce_de_Leon_Juan.jpg

[91] *Bartolomé de las Casas, Brevísima relación de la destrucción de las Indias*. Disponible en: https://enriquedussel.com/txt/Textos_200_Obras/PyF_siglo_XVI/Brevisima_relacion-Bartolome_Casas.pdf

Julia de Burgos. Pero aún falta mucho para visibilizar la historia heroica de lucha y resistencia que libraron indios, esclavos, trabajadores, grupos feministas, ambientalistas y miembros de la comunidad LGBTQIA+ en nuestra patria.[92]

Los ecos del poder y la resistencia

En 2019, los chats privados del gobernador Ricardo Rosselló fueron filtrados y publicados, revelando comentarios misóginos y homofóbicos. También contenían comentarios burlescos sobre las víctimas del huracán María. Aquellos mensajes demostraron que el pensamiento colonial y patriarcal no era historia: seguía vivo, instalado en el centro mismo del poder. La indignación fue inmediata y masiva. Miles de puertorriqueños y puertorriqueñas salieron a las calles a exigir su renuncia.

Ese mismo año, la clase graduanda de 1972 de la escuela Intermedia Juan Ponce de León celebró su reencuentro. Los mismos niños y niñas que décadas atrás habíamos cantado el himno al conquistador nos encontramos de nuevo, ya con canas y memorias largas. Pero en esta ocasión nos uniríamos junto al canto y repudio de todo un pueblo para decir: "¡Ricky, renuncia!". Había algo justo en esa coincidencia: los herederos del barrio Juan Domingo reclamando dignidad en las mismas calles donde aprendimos que la obediencia no siempre es virtud.

Calle de la Resistencia

---

[92] La otra cara de nuestra historia se nos ha ido revelando poco a poco a través de valiosísimas aportaciones bibliográficas de autores y autoras como: Jalil Sued Badillo (*Agüeybaná El Bravo*); Arturo Bird Cardona (*Parejeros y desafiantes*); Ángel Quintero (*Lucha obrera en Puerto Rico*); Fernando Picó (*Los irrespetuosos*); Guillermo Baralt (*Esclavos rebeldes*); Evelyn Vélez Rodríguez (*Plan Drácula*); Ángel Rodríguez (*Julia de Burgos: FBI Files. Estudio crítico 1943–1956*); Bianca M. Medina (*Teresa Angleró Sepúlveda, primera organizadora de trabajadoras de la industria de la aguja en la década del 30*); Francisco Moscoso (*Clases, revolución y libertad*); Nelson Denis (*Guerra contra todos los puertorriqueños*); Marisa Rosado (*Pedro Albizu Campos: Las llamas de la aurora*); Liliana Cotto Morales (*Desalambrar*); Mya Pagán (*Ellas: Historia de mujeres puertorriqueñas*); Margarita Rodríguez (*Lolita Lebrón: Vivencias de una nacionalista*).Por mencionar solo algunos autores y obras de la nueva historiografía puertorriqueña.

Y es que gracias a los desafiantes, los parejeros[93] y los irrespetuosos —aquellos que se niegan a agachar la cabeza— hoy disfrutamos de las libertades que tenemos. Cada derecho conquistado es fruto de la desobediencia. Y si algún día olvidamos de dónde venimos, bastará mirar una placa en el Viejo San Juan para recordarlo. La placa lleva por nombre la Calle de la Resistencia.[94] Allí, donde antes desfilaban los gobernadores coloniales, hoy continúan marchando y protestando los herederos de los esclavos, de las obreras y obreros, de las poetas, de las transgresoras y los transgresores, defendiendo las libertades que costaron sangre, sudor y vidas.

Allí vive la verdadera historia de nuestro país.

---

[93] Parejeros: término puertorriqueño para referirse a quienes desafían la autoridad o se niegan a someterse.

[94] *Calle de la Resistencia"*. Metro Puerto Rico, 30 de junio de 2020. Disponible en: https://www.metro.pr/pr/noticias/2020/06/30/calle-resistencia.html

31
La Central, la UPI: juventud amor y rebeldía

Junto a mami y mi hermana María en las escalinatas de la Escuela Superior Central en Santurce, durante mi graduación en el verano de 1974.

Me gradué en el verano de 1974 con promedio de alto honor de la Escuela Superior Central de Santurce. "La Central High", como se le conocía popularmente, había sido construida a inicios del siglo XX por el gobierno de Estados Unidos con un propósito claro: americanizar a la población puertorriquena a través del sistema educativo.

Durante sus primeras décadas, se impuso la enseñanza de todas las materias en inglés, incluso el latín, que se impartía con textos en ese idioma. La lengua del colonizador se convirtió en el símbolo del progreso, mientras la nuestra era tratada como un estorbo, una reliquia del pasado.

Los primeros subversivos o rebeldes

En 1920, un grupo de estudiantes —entre ellos Vicente Géigel Polanco y Samuel R. Quiñones— desplegó la bandera monoestrellada de Puerto Rico, acto prohibido por las autoridades coloniales. El gesto, valiente y simbólico, les costó la expulsión del plantel. Aquellos jóvenes se declararon en paro en apoyo a su compañero Francisco Grovas, sancionado por respaldar un proyecto de ley presentado por José de Diego para hacer del español nuestro idioma oficial.[95]

En 1930 y nuevamente en 1937, estudiantes de la Central fueron arrestados por el mismo motivo: atreverse a ondear la bandera de su patria. Entre los nombres de esa época destaca el de Inés Mendoza, maestra feminista y nacionalista que testificó ante el Comité Hays tras la Masacre de Ponce. En su denuncia afirmó que la imposición del inglés en la enseñanza violaba los derechos civiles del pueblo puertorriqueño. Su valentía le costó el puesto, pero sembró una semilla que germinaría años después.

La lengua de la resistencia

Con la elección de Luis Muñoz Marín como primer gobernador electo, se designó a Mariano Villaronga como comisionado de Instrucción. En el año escolar 1949–1950, mediante decreto, Villaronga devolvió al español su lugar como idioma de enseñanza en todos los niveles del sistema público. Era la primera vez desde 1898 que nuestra lengua recuperaba su espacio en las aulas.

La Central, sin embargo, fue siempre más que un centro de estudios: fue un crisol de pensamiento, cultura y rebeldía. Allí germinaron movimientos estudiantiles que reclamaban justicia, identidad y soberanía. Fue también el lugar donde, décadas más tarde, la Federación de Estudiantes Pro-Independencia (FEPI) celebraría su congreso fundador.

Voces ilustres

Por sus pasillos transitaron nombres que marcaron la historia cultural del país: Sylvia Rexach, poeta y compositora de sensibilidad eterna, Catalino "Tite"

---

[95] "Legado de lucha en la Escuela Central de Santurce." Disponible en: https://www.bandera.org/legado-de-lucha-en-la-escuela-central-de-santurce/

Curet Alonso, cronista musical del alma boricua, Arturo Somohano, fundador de la Orquesta Filarmónica, Jacobo Morales, Eddie Miró, Carmen Belén Richardson, Otilio Warrington "Bizcocho", Graciela Rivera, José Luis González, Luis Molina Casanova y tantos otros.[96]

A pesar de su brillo artístico y académico, los estudiantes de la Central no estuvieron exentos del racismo estructural. Tite Curet, por ejemplo, no asistió a su fiesta de graduación en 1944, celebrada en el Hotel Condado, porque las personas negras no eran admitidas allí.

El despertar personal

Cuando mis hermanas y yo entramos a la Central, desconocíamos gran parte de ese legado. Solo sabíamos que era una escuela que gozaba de excelencia académica y nos sentíamos orgullosos de formar parte de ella.
Mis años en la Central estuvieron marcados por mi idealismo, mis lecturas[97] y por amores no correspondidos. Recuerdo haber escrito un poema en una de las columnas de la Central, inspirado por una decepción amorosa: "¡Qué triste es haber querido y que no te hayan querido jamás!".

Esa era mi manera adolescente de procesar la soledad, de transformar la herida en palabra.

Siguiendo el ejemplo de mi hermana Aida, me gradué un año antes y, en agosto de 1974, ingresé a la UPI junto a mi hermana María. Mis primeros años universitarios estuvieron marcados por mi activismo en las luchas estudiantiles, la búsqueda de identidad y el descubrimiento del amor.

De la Central a la UPI: Rebecca

Mi primera novia en la universidad se llamaba Rebecca. Era una joven dulce, inteligente, pero profundamente marcada por la violencia patriarcal que presenciaba en su hogar. Su padre, un comerciante europeo de carácter autoritario, humillaba y maltrataba verbalmente a su esposa. Una noche, en

---

[96] López Ortiz, Miguel. "Hacia el 110 aniversario de la Central." Fundación (Prpop.org). Disponible en:
http://www.prpop.org/noticias/jul09/bohemia_centralina_jul10.shtml

[97] Entre mis lecturas en esa época destaco el libro de Manuel Maldonado-Denis, *Puerto Rico: Una interpretación histórico-social*, Editorial Siglo XXI, edición de 1974 y el de Salvador Freixedo, *El diabólico inconsciente: Religión y parapsicología*, edición de 1973.

medio de una discusión, intentó estrangularla. Rebecca intervino y terminó hospitalizada por la crisis emocional que aquel episodio le provocó.

Con el tiempo, la salud de su madre se deterioró y Rebecca asumió el peso de la casa. El padre, incapaz de aceptar la ruptura de su autoridad, terminó abandonándolas. Unos años después, se suicidó en su lugar de trabajo.

Rebecca, ya adulta, se casó, tuvo dos hijos y repitió, sin saberlo, los patrones de dolor aprendidos. Su matrimonio terminó en divorcio tras años de abuso.

Hace poco nos reencontramos a través de las redes sociales. Le compartí algunos capítulos de este libro y me envió un mensaje lleno de sinceridad y sabiduría, que transcribo a continuación:

> *¡Hola Juan!*
>
> *Finalmente, comencé a leer tu libro. Me gusta mucho. Una sugerencia es que la parte donde empiezas a explicar lo que es el patriarcado debería ser tu introducción, incluyendo lo que se considera el amor verdadero. Creo que si incluyes descripciones de lo que el amor verdadero es, de fuentes psicológicas, religiosas y seculares, sería bueno. Lo más importante también es explicar el porqué de este libro. Los puntos que hablamos sobre preparar a jóvenes para reconocer la diferencia entre romanticismo no afectivo, pasión sexual y lo que es el verdadero amor, son cruciales en tu presentación. Gracias por darme el honor de leer tus primeras páginas.*
>
> *De mi parte te diré que, haberme criado en un hogar con poco amor y luego casarme con un hombre que no sabía dar amor son algunas de las razones por las que nunca me he vuelto a casar. Ni mi hija ni yo sabíamos cómo buscar una pareja noble. Ahora que tengo la sabiduría que tengo, es diferente, pero a mi edad, ¿de qué vale?*
>
> *Te diré que hoy en día hay otra situación igual de destructiva. Porque el patriarcado es tan destructivo y las mujeres hoy en día son económicamente tan independientes (al menos en Estados Unidos y Puerto Rico), muchas mujeres se rehúsan a comprometerse a una relación. En mi vida, después de divorciarme, solo tenía tiempo para mis hijos, trabajar y estudiar. Cualquier hombre que se me acercaba, tan pronto demostraba agresión o trataba de dominarme, era el final. Yo quería paz y a alguien que me apoyara, no alguien que me quisiera dominar como si yo fuera un animal. Eso es lo que el patriarcado ha producido: hombres y mujeres solas.*
>
> *Bendiciones".*

32
Espionaje, poder y patriarcado

Mi hermano Adolfo participó activamente en las luchas contra el servicio militar obligatorio y la presencia del ROTC en el campus de la Universidad de Puerto Rico en la década de 1970. Como muchos jóvenes de su generación, creía en la justicia, en la no violencia y en la posibilidad de transformar el país desde la conciencia y la organización.

En aquel entonces, ni él ni yo sabíamos que cada paso, cada reunión, cada conversación, podía estar siendo observada.

Años más tarde comprenderíamos que aquella vigilancia no era una sospecha ni una exageración: era una política de Estado.

Pero esa historia—la que nos tocó de manera directa, con nombres, números de expediente y consecuencias reales—la contaré en el siguiente capítulo. Antes, hay que entender el sistema que la hizo posible.

Porque lo que ocurrió en Puerto Rico no fue una anomalía.

Fue parte de algo mucho más grande.

La maquinaria del poder

En los años setenta, el mundo se estremeció con el escándalo de Watergate. Por primera vez, millones de ciudadanos descubrieron la maquinaria oculta del poder: interceptaciones telefónicas ilegales, espionaje interno y persecución política ordenada desde la propia Casa Blanca.

El presidente Richard Nixon instruyó al director del Departamento del Tesoro y a la División de Rentas Internas a elaborar una lista de enemigos políticos —periodistas, activistas, intelectuales, sindicatos y organizaciones disidentes— con el propósito deliberado de investigarlos, hostigarlos y fabricarles casos criminales.

El lenguaje oficial que acompañaba aquella orden era tan crudo como revelador.

En un memorándum fechado el 16 de agosto de 1971, John Dean, abogado de la Casa Blanca, escribió al asistente presidencial Lawrence Higby lo siguiente:

> "Este memorándum aborda la cuestión de cómo podemos maximizar el hecho de nuestra incumbencia al tratar con personas que se sabe son activas en su oposición a nuestra Administración. En otras

palabras, cómo podemos usar la maquinaria federal disponible para 'joder' ('*screw*') a nuestros enemigos políticos."[98] (traducción nuestra)

Esa fue la palabra exacta: "joder", el término vulgar elegido para justificar el uso del Estado contra los disidentes.

August 16, 1971

CONFIDENTIAL

MEMORANDUM

SUBJECT: Dealing with our Political Enemies

This memorandum addresses the matter of how we can maximize the fact of our incumbency in dealing with persons known to be active in their opposition to our Administration. Stated a bit more bluntly -- how we can use the available federal machinery to screw our political enemies.

After reviewing this matter with a number of persons possessed of expertise in the field, I have concluded that we do not need an elaborate mechanism or game plan, rather we need a good project coordinator and full support for the project. In brief, the system would work as follows:

-- Key members of the staff (e.g., Colson, Dent Flanigan, Buchanan) should be requested to inform us as to who they feel we should be giving a hard time.

-- The project coordinator should then determine what sorts of dealings these individuals have with the federal government and how we can best screw them (e.g., grant availability, federal contracts, litigation, prosecution, etc.).

-- The project coordinator then should have access to and the full support of the top officials of the agency or department in proceeding to deal with the individual.

[98]"El memorando de John Dean titulado *'Dealing with Our Political Enemies'*, fechado el 16 de agosto de 1971, disponible en University Libraries: https://exhibits.lib.unc.edu/items/show/7896."

-2-

I have learned that there have been many efforts in the past to take such actions, but they have ultimately failed -- in most cases -- because of lack of support at the top. Of all those I have discussed this matter with, Lyn Nofziger appears the most knowledgeable and most interested. If Lyn had support he would enjoy undertaking this activity as the project coordinator. You are aware of some of Lyn's successes in the field, but he feels that he can only employ limited efforts because there is a lack of support.

As a next step, I would recommend that we develop a small list of names -- not more than ten -- as our targets for concentration. Request that Lyn "do a job" on them and if he finds he is getting cut off by a department or agency, that he inform us and we evaluate what is necessary to proceed. I feel it is important that we keep our targets limited for several reasons: (1) a low visibility of the project is imperative; (2) it will be easier to accomplish something real if we don't over expand our efforts; and (3) we can learn more about how to operate such an activity if we start small and build.

Memorándum escrito por John Dean, abogado de la Casa Blanca, el 16 de agosto de 1971, para el asistente presidencial Lawrence Higby.

En el trasfondo, la figura de Nixon encarnó un modelo de masculinidad autoritaria: un líder que concebía la política como una guerra, donde la vulnerabilidad equivalía a debilidad. Esta visión patriarcal se tradujo en un desprecio por la transparencia y en la creencia de que el poder debía ejercerse desde la fuerza y el secreto.

El imperio y la colonia

Mientras en Washington se perseguía a los críticos del presidente, en nuestra isla se demonizaba a los independentistas, se infiltraban movimientos sociales y se confeccionaban expedientes secretos ("carpeteo") contra todo aquel que osara cuestionar el orden colonial. A inicios de los setenta, las grandes protestas estudiantiles se trasladaron a la Universidad de Puerto Rico.

La maquinaria del miedo

Las listas y carpetas de los llamados enemigos políticos o "subversivos", tanto en Estados Unidos como en Puerto Rico, sirvieron y siguen sirviendo hoy, incluso a través de nuevas formas de vigilancia a través de las redes sociales,[99]para sembrar el miedo y disuadir a la población de participar en movimientos políticos alternativos.

El mensaje es claro: quien alce la voz será vigilado, humillado o castigado.

Patriarcado y poder

Los escándalos de Richard Nixon en la década de 1970 —y más recientemente los de líderes como Donald Trump o Benjamín Netanyahu— no son simples episodios aislados de mal gobierno.
Son expresiones de una cultura política profundamente arraigada: el poder entendido como dominio, jerarquía y control.

En ese modelo, la política se convierte en un campo de batalla donde el "hombre fuerte" debe imponerse a toda costa. La crítica se percibe como traición. La disidencia, como enemigo.

Desde esa lógica, la represión no es un error. Es una herramienta.
Y sus consecuencias no son abstractas. Se traducen en vidas vigiladas, carreras truncadas, familias destruidas, marcadas para siempre.

Nosotros no lo sabíamos entonces.
Pero ya estábamos dentro de ese sistema.
Y ese sistema ya había comenzado a escribir nuestra historia, sin que lo supiéramos.

---

[99] Social Media Surveillance by the U.S. Government.
A growing and unregulated trend of online surveillance raises concerns for civil rights and liberties. Brennan Center for Justice. Disponible en: https://www.brennancenter.org/our-work/research-reports/social-media-surveillance-us-government

Véase, además: "'Big Brother Started Following You': Las redes sociales, la libertad de expresión y el neocarpeteo", de Alexandra-Marie Figueroa Miranda. Disponible en: https://derecho.inter.edu/wp-content/uploads/2022/03/%C3%A2%E2%82%AC%CB%9CBIG-BROTHER-STARTED-FOLLOWING-YOU%C3%A2%E2%82%AC%E2%84%A2-LAS-REDES-SOCIALES-LA-LIBERTAD-DE-EXPRESION-Y-EL-NEOCARPETEO-.pdf

33
Carpetas, 5812 y 8186

Los archivos existían, y uno de ellos estaba dedicado a mi hermano.

Para mí resultó inaudito e injusto que a alguien como mi hermano lo catalogaran como persona peligrosa o subversiva por sus ideales políticos. Adolfo siempre fue un amante de la paz, de la no violencia y un acérrimo defensor de la justicia social. De Adolfo aprendí sobre la historia heroica de mi pueblo, el amor a la patria, la necesidad de proteger la naturaleza y el concepto de la no violencia.

Desde niño demostró una inteligencia que la adversidad no logró doblegar. Fue de los primeros en su clase en la Escuela Superior Rafael López Landrón de Guayama, donde se graduó con altos honores. En 1966 capitaneó a Los Petrobrujos de Guayama en las competencias académicas nacionales del Club 6, el popular programa del Canal 6 conducido por Mirna Vázquez y Yoyo Boing que ponía a prueba el talento de los mejores estudiantes del país. Aquel año, bajo su liderazgo, Los Petrobrujos ganaron las competencias nacionales.

Era un muchacho de barrio que le ganaba al país entero con la cabeza y el corazón.

Mi hermano Adolfo al centro en primera fila sentado

Siempre quiso estudiar medicina porque sentía que como médico podía servirle mejor a su pueblo. A pesar de las carencias económicas en la familia y los retos que enfrentó para realizar sus sueños, logró terminar sus estudios en odontología y se especializó como dentista pediátrico. Fue, al igual que Julito y mis hermanas, un producto ejemplar del sistema público de enseñanza. Sirvió además como profesor del Recinto de Ciencias Médicas de la Universidad de Puerto Rico, donde dedicó décadas a cuidar las sonrisas de los niños más vulnerables y a formar a las nuevas generaciones de profesionales de la salud.

De Adolfo aprendí también la frase del Profesor Pulula—el famoso personaje de televisión interpretado por el actor José Miguel Agrelot—: "*La violencia nada engendra, solo el amor es fecundo.*" Frase con la cual crié a mis hijos e hija.

Recuerdo que siendo yo estudiante de escuela intermedia, en una ocasión en que le hablé de la violencia y el acoso escolar que vivía, Adolfo me miró con esa serenidad que lo caracterizaba y me dijo que nunca debía recurrir a la violencia, que si alguien me golpeaba no debía responder con otro golpe.

Yo, incrédulo, le pregunté: "*¿Qué dices? ¿Que debo ponerle la otra mejilla si alguien me da una bofetada?*" Y él, sin inmutarse, me respondió: "*Eso mismo, como Mahatma Gandhi.*" Luego me habló de Gandhi y de la no violencia como forma de resistencia. Tenía esa rara capacidad de convertir una conversación cotidiana en una lección que duraba toda la vida.

A finales de los años setenta, Adolfo fue miembro fundador del grupo comunitario cultural Carioca en el pueblo de Guayama. Sí, la misma Carioca de la que hablé antes: el barrio donde "el viento achueca los pollos". La organización nació del convencimiento de que la cultura es también una forma de lucha. Carioca celebró foros educativos sobre soberanía, independencia y socialismo, y alertó a la comunidad sobre los peligros ambientales de la explotación minera en la isla. Pero también llevó alegría y arte al pueblo: organizó presentaciones teatrales y musicales que convirtieron a Guayama en escenario de lo mejor de la cultura puertorriqueña de la época.

Presentaron la obra *Vejigantes* de Francisco Arriví.[100] Una obra que aborda el prejuicio racial, la negritud y la desigualdad socioeconómica. Llevaron al pueblo de Guayama agrupaciones musicales como Haciendo Punto en Otro Son, el grupo Moliendo Vidrio y el grupo Guayacán. Fueron noches de pueblo, de conciencia y de celebración. El grupo Carioca también colaboró en clínicas de salud a la comunidad.

El gobierno colonial catalogó estas actividades como subversivas.

Los agentes del Negociado de Investigaciones Especiales se infiltraron en la organización, tomaron notas, ficharon rostros y levantaron informes. Consideraban subversivo que un grupo de puertorriqueños se reuniera a hablar de su tierra, a cantar su música y a ver teatro. En la carpeta de Adolfo no solo aparecían sus ideas políticas y sus actividades culturales; aparecía también una descripción detallada del interior de su casa: la disposición de los cuartos, dónde dormía él con su esposa, dónde dormían sus hijas.

El Estado colonial entró a los cuartos de sus niñas.

Eso no era inteligencia. Era terror doméstico disfrazado de seguridad nacional.

La carpeta #5812 de Adolfo reveló, entre sus páginas de supuesta vigilancia subversiva, un detalle que oscila entre lo absurdo y lo revelador. Cuando Adolfo comenzó sus estudios de medicina, estaba quedándose calvo.

---

[100] Reconocido escritor, poeta y dramaturgo puertorriqueño (1914-2006). En1958 presentó *Vejigantes* en el Primer Festival de Teatro Puertorriqueño. Estas obras fueron seguidas por *Sirena* y *Medusa en la Bahía*. Muchas de sus obras fueron presentadas en el extranjero. Por ejemplo, el estadounidense Frank Dauster realizó una adaptación de *Vejigantes* en 1959.

Como hacen tantos hombres que lidian con esa realidad, acomodaba el poco cabello lateral que le quedaba para cubrir la calvicie. El agente investigador, cumpliendo con su deber de documentar las señas particulares del *"subversivo investigado"*, dejó escrito en el expediente oficial: *"Es calvo y se la oculta con el pelo."*

Fecha: 2 de febrero
Agente: Carlos A.
Area: Sur
Dr. Correa
1. Nombre: Adolfo Correa Luna
5. Edad: 27
6. Sexo: M
7. Peso: 145
8. Estatura: 65"
9. Raza: Blca.
4. Fecha de nacimiento: 27 de septiembre 1948
12. Señas particulares: Es calvo y se la oculta con el pelo
13. Dirección: Calle Palmer #45, Guayama, P.R.
16. Lugar de trabajo: Calle Derkes, altos del Correo
Calle Palmer 45 Nor
15. Ocupación: Dentista
18. Nombre y dirección de: Nilsa Padilla
Esposa:
Ex-Esposa:
Concubina:
Otros:
19. Vehículo (tablilla): 295835
20. Marca: Nova
21. Modelo: 1975
22. Color: Amarillo
23. Registrado a nombre: Adolfo Co
24. Licencias: Conductor
Clase de lic.:
Número: 733522
Expira en: 13 de enero 1979
Tiempo que la posee: 8 años
29. Agrupación en que milita: P.S.P.
32. Cursos tomados: Ninguno
34. Lugares que: Club P.S.

Foto de primeras paginas de la carpeta 5812 del NIE

Esa frase, ridícula en su literalidad, era también una metáfora involuntaria del sistema que la produjo: un aparato de espionaje tan obsesionado con destruir a sus propios ciudadanos que terminó documentando calvicies.

Pero las consecuencias no fueron ridículas. Adolfo lo comprendió años después cuando comenzó a entender por qué ciertas puertas no se abrían. En el Departamento de Salud, una oportunidad de destaque que merecía le fue negada sin explicación razonable. En el Recinto de Ciencias Médicas, un ascenso que correspondía a su trayectoria académica no llegó. La carpeta lo precedía en silencio, cerrando puertas antes de que él pudiera tocarlas.

Lo mismo me ocurriría años después al graduarme de Derecho. Las negaciones de empleo llegaban sin explicaciones razonables, con una regularidad que no podía ser casualidad. En una ocasión solicité trabajar en el Departamento de Hacienda. El director de la División de Evasión Contributiva fue el único que tuvo la honestidad de decirme la verdad:

—La razón por la cual su nombramiento fue demorado es que la Secretaria del Departamento tiene reparos en su reclutamiento por sus ideales políticos. Aquí hay un sistema de detección partidista.

Luego añadió que, a pesar de ello, había convencido a la Secretaria de Hacienda de hacer una excepción.

Acepté el trabajo. Pero no tardé en darme cuenta de que los casos que me eran referidos para investigación por evasión contributiva eran seleccionados con un criterio que no tenía nada que ver con la justicia: servían para afectar únicamente al partido político contrario al gobierno de turno, o a personas que defendían el ideal de independencia. Renuncié. No podía ser instrumento de esa selectividad.

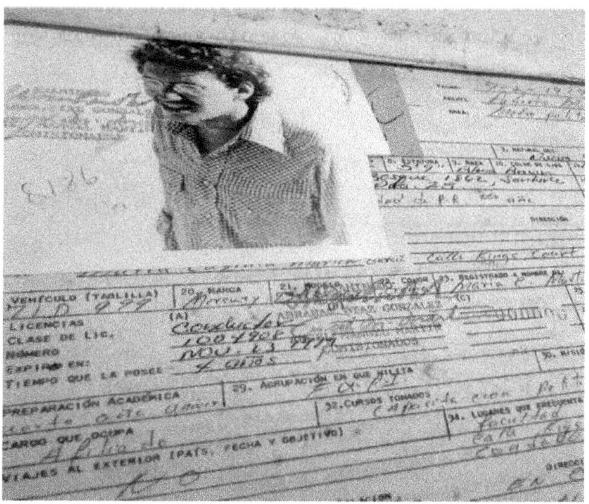
VEHÍCULO (TABLILLA)
LICENCIAS
CLASE DE LIC.
NÚMERO
EXPIRA EN:
TIEMPO QUE LA POSEE
29. AGRUPACIÓN EN QUE MILITA
PREPARACIÓN ACADÉMICA
32. CURSOS TOMADOS
34. LUGARES QUE FRECUENTA
CARGO QUE OCUPA
VIAJES AL EXTERIOR (PAÍS, FECHA Y OBJETIVO)

Foto de primeras paginas de mi carpeta 8186 en el NIE

Con los años saldrían a la luz memorandos internos de la Oficina de Inteligencia de la Policía de Puerto Rico que revelaban el carácter ilegal de estas prácticas. Uno de ellos instruía a los agentes de campo:

> "Nosotros tenemos que investigar de tal manera que las personas entrevistadas ni la persona investigada se enteren de nuestra labor. Si fallamos en esa labor, nos exponemos a que radiquen una querella en nuestra contra por violación de derechos civiles. Esto es así, ya que nuestras investigaciones giran en torno a individuos que profesan ideales separatistas, y éstos, al saber que los estamos investigando, alegan persecución por sus ideales. Para prevenir ese problema debemos valernos de ciertas artimañas para hacer creer a las personas entrevistadas que estamos investigando otros asuntos que no tienen

nada que ver con subversión o afiliaciones políticas." (Extracto de memorando citado en el *Informe de los Comisionados,* pág. 11.) Caso Núm. CE-89-578, Parte I, *Exhibit* I, págs. 39-40.[101]

Aquel fragmento mostraba el cinismo del propio gobierno colonial que reconocía estar actuando al margen de la Constitución que decía defender. La mentira institucionalizada y el miedo como instrumentos de control.

La persecución por ideas políticas no era nueva en nuestra historia. Desde los tiempos de la dominación española hasta la infame Ley de la Mordaza de 1948 — inspirada en la Ley Smith estadounidense —, el independentismo fue tratado como crimen. En aquellos años, poseer una bandera de Puerto Rico podía llevar a la cárcel.

Durante la Guerra Fría, el programa COINTELPRO[102] del FBI desplegó una maquinaria de espionaje y desinformación dirigida contra los movimientos independentistas, socialistas y estudiantiles de la isla. En documentos desclasificados años más tarde, fechados el 6 de julio de 1968, se instruía a los agentes federales a realizar acciones encubiertas para destruir reputaciones y fracturar la unidad de los movimientos sociales: crear la impresión de que los líderes independentistas eran informantes del FBI, publicar artículos en periódicos estudiantiles que asociaran la izquierda con el uso de drogas y el libertinaje sexual, arrestar a militantes bajo cargos falsos de posesión de marihuana, y enviar cartas y caricaturas anónimas para ridiculizar o desacreditar a los activistas.[103]

No se trataba de justicia, sino de propaganda. El objetivo era sembrar desconfianza, dividir a los movimientos sociales y destruir toda voz que desafiara al poder colonial.

La década de los setenta fue una época de efervescencia política y social. En las calles y en las universidades la juventud se levantaba contra la guerra de Vietnam, contra el reclutamiento obligatorio y contra la represión del Estado. El asesinato de Antonia Martínez, las luchas contra el ROTC, los

---

[101] Noriega V. Hernández Colon, 1992, 130 D.P.R. 919

[102] *COINTELPRO*. Encyclopaedia Britannica. Disponible en: https://www.britannica.com/topic/COINTELPRO

[103] Acosta, Ivonne. "Hacia una historia de la persecución política en Puerto Rico." *En Rojo, Periódico Claridad*, 1991..

abusos del gobierno contra el movimiento obrero, la represión del independentismo y la tragedia de Cerro Maravilla — donde dos jóvenes independentistas fueron asesinados por agentes encubiertos en 1978 — marcaron profundamente a nuestra generación.[104] Hubo más de 200 arrestos de independentistas, 98 encarcelamientos y al menos 13 asesinatos políticos en aquella década. [105] Detrás de cada cifra había un rostro, una familia, un sueño interrumpido.

Décadas después, los tribunales reconocerían la ilegalidad de esas prácticas y ordenarían la devolución de miles de expedientes secretos.[106] Muchos descubrieron entonces, con sorpresa o indignación, que habían sido vigilados durante años por su participación en sindicatos, asociaciones culturales, grupos estudiantiles u organizaciones feministas.

Adolfo y yo tuvimos la fortuna de sobrevivir aquellos años de represión política, pero miles de jóvenes no corrieron la misma suerte. Aún queda mucho por escribir de esas decenas de miles de vidas interrumpidas: los que no lograron conseguir empleo, los que tuvieron que abandonar sus estudios, los que terminaron abandonando el país ante esta infame práctica de persecución.

La historia de esas carpetas no es solo la nuestra. Es la historia de un pueblo que el poder quiso doblegar y que respondió, una y otra vez, con cultura, con arte, con canciones y con la obstinada dignidad de quien sabe que tiene razón. Las carpetas pretendían vigilarnos. Con el tiempo terminaron revelando quiénes eran realmente los vigilantes.

---

[104] La denuncia del crimen de Maravilla se llevó al mundo, por Juan Mari Bras en: https://juanmaribras.org/index.php?option=com_content&view=article&id=345:la denuncia-del-crimen-de-maravilla-se-llevo-al-mundo&catid=45&Itemid=136

[105] Paralitici, José. *Historia de la lucha por la independencia de Puerto Rico*. Publicaciones Gaviota, 2018, p. 235.

[106] Noriega Rodríguez v. Hernández Colón, 122 D.P.R. 650 (1988)

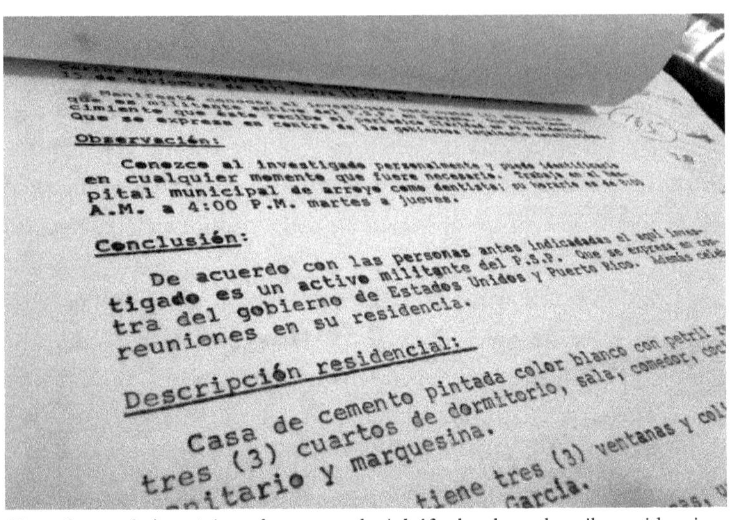

Observación:

Conozco al investigado personalmente y puede identificarlo en cualquier momento que fuere necesario. Trabaja en el hospital municipal de arroyo como dentista; su horario es de 8:00 A.M. a 4:00 P.M. martes a jueves.

Conclusión:

De acuerdo con las personas antes indicadadas el aquí investigado es un activo militante del P.S.P. Que se expresa en contra del gobierno de Estados Unidos y Puerto Rico. Además celebra reuniones en su residencia.

Descripción residencial:

Casa de cemento pintada color blanco con petril

tres (3) cuartos de dormitorio, sala, comedor,

y marquesina.

tiene tres (3) ventanas y

García.

Foto de una de las páginas de carpeta de Adolfo donde se describe residencia por agente

34
Si te cojo

De mi carpeta #8186 en el Negociado de Investigaciones Especiales de la Policía de Puerto Rico emerge una evidencia inquietante: no solo yo estaba vigilado por mi activismo, sino también mi novia en 1978 en la UPI, María Eugenia Martín —fichada como carpeta #7932.

María pertenecía a una organización feminista llamada Mujer Intégrate Ahora, MIA, fundada en 1972. Agentes del NIE monitoreaban con detalle y constancia las reuniones y actividades convocadas por esa agrupación.[107]

MIA y otras organizaciones feministas que surgieron en esa década traían a la esfera pública demandas que no tenían cabida en la retórica oficial: reforma de las leyes de familia, creación de centros de cuido infantil, reconocimiento del trabajo doméstico no remunerado y visibilización de la doble jornada laboral.

Denunciaron también la cosificación de la mujer en los medios y la educación sexista que reproducía estereotipos.

La persecución del NIE contra agrupaciones feministas no fue casual. Desde la mirada patriarcal del Estado colonial, la protesta por los derechos de las mujeres se consideraba peligrosamente subversiva. Organizaciones que cuestionaban la autoridad masculina y reclamaban derechos económicos y sociales eran carpeteadas, infiltradas y, en ocasiones, difamadas. Esta práctica tenía precedentes: en Estados Unidos, el programa COINTELPRO del FBI incluyó desde la década de 1960 operaciones de vigilancia contra el movimiento de mujeres. J. Edgar Hoover justificaba estas acciones en nombre de la "seguridad interna". En realidad, el objetivo era neutralizar toda fuerza social que pudiera alterar el statu quo. [108]

Una de las víctimas de esa campaña en Puerto Rico fue la economista y feminista Marcia Rivera Quintero, fichada y catalogada falsamente como "terrorista" por la policía. Esas acusaciones fabricadas le ocasionaron

---

[107] MIA, fundada en 1972, fue una de varias organizaciones feministas que surgieron en los setenta —junto a la Federación de Mujeres Puertorriqueñas (1975), la Alianza Feminista de Liberación Humana (1977) y Taller Salud (1979).

[108] *FBI/CIA Spied on Women's Movement.* WBAI Radio. Disponible en: https://wbai.org/upcoming-program/?id=5240

humillaciones públicas, obstáculos profesionales, interrogatorios y detenciones en aeropuertos, además de la necesidad constante de recurrir a redes de apoyo para defenderse.

La denuncia de Marcia Rivera, junto con las declaraciones de uno de los agentes que testificaron en las vistas sobre los asesinatos de Cerro Maravilla, dio paso a una resolución presentada por el representante independentista David Noriega para que se investigara la persecución y vigilancia inconstitucional de personas por su ideología política en la isla.[109]

Recuerdo una noche de 1978 en que transitaba con María, en su vehículo, por la Avenida Muñoz Rivera: ella se dirigía a una estación de radio para hablar en nombre de MIA y denunciar una canción que, en su letra, normalizaba la violencia machista. Un automóvil nos siguió y su conductor nos hizo un gesto con la mano, llevándosela a los ojos, como señal de que nos vigilaban. En ese momento pensamos que se trataba de un loco. Años después, al leer mi carpeta, descubrí la verdad: era un agente del NIE.

La canción que motivó la denuncia fue escrita por Bobby Capó y más tarde se convirtió en un clásico en la voz de Ismael Rivera. Llevaba por título *Si te cojo*. Sus ritmos bailables, festivos y contagiosos encubrían una letra que celebraba la dominación masculina y normalizaba la agresión física contra la mujer.

Entre sus versos: *"Si te cojo coqueteándole a otro ya verás qué trompa' te voy a pegar. Si yo llego y no te encuentro aquí*, pau, pau, pau, te voy a dar."[110]

Y más adelante:
"Palo, palo, puño y bofetá. Con todito y lo buena que estás."

Así, sus estrofas se integraron a una banda sonora cultural que enseñó a muchos hombres a creer que la posesión sobre la mujer podía ser legítima, incluso celebrada entre música y aplausos.

Años después, ya como abogado en Servicios Legales, utilicé esa canción para un corto documental educativo sobre la violencia patriarcal. Junto a compañeros de la Unión de Trabajadores de Servicios Legales, recreamos una escena doméstica: el grito, el plato roto, el silencio y en pantalla las palabras

---

109 *"Las Primeras": Marcia Rivera*; https://www.youtube.com/watch?v=gTXfHVsexX0&t=204s

110 *Bobby Capó, "Si te cojo". Fragmentos reproducidos con fines de análisis crítico.*

"Violencia doméstica". El documental incluyó también un recuento histórico de la aprobación de la Ley 54 de 1989, primera ley de violencia doméstica de Puerto Rico.[111] La inspiración vino también de aquellos pasillos oscuros de la infancia, de los gritos que aprendí a acallar con oraciones.

La vigilancia estatal, la cosificación en los medios y la impunidad cultural se alimentaban mutuamente. Por eso, las mujeres organizadas se convirtieron en un blanco doble: por una parte, por cuestionar el orden patriarcal; por otra, por amenazar la paz cómoda de una sociedad que prefería el silencio.

El corto documental fue exhibido en talleres ofrecidos a trabajadores de la Corporación de Servicios Legales de Puerto Rico y centros comunitarios. No fue premiado con un Oscar ni un Grammy. Pero abrió conversaciones. Y a veces, abrir una conversación es ya comenzar a socavar el muro del patriarcado.

Hoy, al leer mi carpeta # 8186, siento el vértigo de quien descubre hasta qué punto el Estado intentó vigilar no solo actos políticos, sino también afectos y pensamientos. Vigilaron a María porque se atrevió a denunciar una canción. Vigilaron a Marcia Rivera porque se atrevió a exigir derechos. Vigilaron a decenas de miles de mujeres porque se atrevieron a nombrar lo que el sistema prefería que callaran.

El patriarcado y el colonialismo siempre han tenido miedo de las mismas personas: las que no guardan silencio.

---

[111] Ley para la Prevención e Intervención con la Violencia Doméstica, Ley Núm. 54 de 15 de agosto de 1989, 8 L.P.R.A. § 601.

35
Juan, "no seas pendejo"

Santos no estaba en Puerto Rico cuando ocurrieron los sucesos del Cerro Maravilla en 1978. Pero conocía los hechos porque, al igual que en la isla, los puertorriqueños en la diáspora se enteraron por las noticias del escándalo político que se formó con las vistas celebradas en la Legislatura —las audiencias públicas donde se investigaron los asesinatos y se destapó la complicidad del gobierno.[112] Admiraba, al igual que mami, la labor del fiscal especial nombrado por la Cámara, Héctor Rivera Cruz.

En ocasiones bromeaba entre amigos con aquella frase que el fiscal repetiría miles de veces: "testigo, dígame si es o no cierto".

A su regreso a Puerto Rico, luego de retirarse en 1981, le contaría cómo llegué a conocer al agente encubierto Alejandro González Malavé.

Le expliqué que, como estudiante de la Universidad de Puerto Rico, participé en las protestas que se llevaron a cabo en 1976. Simpatizaba con la Federación Universitaria Pro-Independencia y la Unión de Juventudes Socialistas, organizaciones que abogaban por la independencia de Puerto Rico y defendían los derechos del pueblo y de los trabajadores.

Alejandro González Malavé era compañero de estudios en la Facultad de Ciencias Sociales y formaba parte del grupo de estudiantes identificados como miembros de esas organizaciones. Nadie entonces sabía que era un agente encubierto de la Policía. La fuerza de choque estaba dirigida por Enrique "Quique" Sánchez, quien años antes también había infiltrado y fabricado casos contra varios miembros de organizaciones estudiantiles como agente encubierto del gobierno.

En 1976, los estudiantes que realizábamos una manifestación pacífica frente a la Torre de la Universidad fuimos víctimas de los abusos y macanazos de la Policía. Salimos todos corriendo, huyendo de las agresiones y del gas lacrimógeno. La Policía había cerrado previamente con candados y cadenas las salidas principales del recinto, dejando abierta como única vía de escape un portón estrecho frente a la Facultad de Ciencias Naturales.

---

112 Véase: Suarez Manuel. *Requiem On Cerro Maravilla: The Police Murders in Puerto Rico and the U. S. Government Coverup.* Waterfront Press, 1987.

El embudo humano que se formó en aquel pequeño portón fue terrible. A las afueras de la Universidad nos esperaba otro contingente de policías que aprovechaba el caos para continuar golpeándonos a macanazos cuando caíamos, tropezando unos con otros en nuestra desesperación por salir.

Yo caí junto a varios compañeros que fueron golpeados de forma inmisericorde. Aunque logré escapar de los macanazos, se me rasgó el pantalón y sufrí múltiples rasguños en las manos y las rodillas.

Un pequeño grupo de estudiantes se acuarteló en la residencia de varones frente a la Universidad y desde allí comenzaron a lanzar piedras contra los policías que seguían agrediendo a otros estudiantes. Aún hoy me cuesta describir el coraje y la rabia que sentí ante aquel abuso. Sentí que lo más digno que podía hacer era unirme a ellos.

Agarré un puñado de piedras y las lancé con tanta fuerza hacia un grupo de policías que sentí que se me dislocaba el hombro. No creo haber golpeado a ninguno —nunca tuve buena puntería, ni siquiera lanzando dardos contra un tablero a corta distancia—, pero la indignación era tal que creo haber experimentado algo parecido a lo que Frantz Fanon describe en *Los condenados de la tierra*: esa sensación de liberación del colonizado cuando, en legítima defensa, se enfrenta a su opresor.

De repente sentí que alguien me agarró fuertemente por el brazo.

—Juan, no seas pendejo.

El hombre abrió el maletín que llevaba y me mostró su interior. Dentro había un revólver calibre .38.

—Cógelo. Aquí lo que hay que hacer es tumbarle la cabeza a un guardia pa' que nos respeten.

Era Alejandro González Malavé, persona a quien consideraba mi amigo.

Me paralicé por unos segundos. Nunca hubiera imaginado que alguien me invitaría a tomar un arma para matar a otro ser humano. Comprendí, en ese instante, que no era capaz de hacerlo. Rechacé su invitación.

—No jodas, mano. ¿Tú estás loco?

Luego salimos corriendo de otro grupo de policías que nos perseguía y fuimos a parar a un apartamento en la urbanización Santa Rita, donde se hospedaban Eduardo y Tony, dos compañeros de la Facultad de Ciencias Sociales. Desde un teléfono público cercano llamé a mi madre para explicarle que no regresaría esa noche a Santurce. Toda Santa Rita estaba rodeada por la Policía y temíamos salir.

Esa noche, Alejandro González Malavé y yo pernoctamos en el hospedaje de Eduardo y Tony. Recuerdo que criticaba a los independentistas por ser unos "bocabajo" y decía que había que tomar acciones más contundentes contra el gobierno. Incluso nos dio unas improvisadas lecciones de defensa personal.

Al día siguiente logré regresar a mi casa.

No volví a saber de Alejandro hasta años después, cuando me enteré de que había sido el agente encubierto que llevó a dos jóvenes independentistas, Arnaldo Darío Rosado y Carlos Soto Arriví, al Cerro Maravilla, donde serían torturados y asesinados por miembros de la Policía de Puerto Rico. Los asesinos llegaron incluso a mofarse y orinar sobre los cadáveres de aquellos dos jóvenes.

Cuando terminé de contarle a Santos sobre mi encuentro con Alejandro González Malavé, se quedó en silencio unos segundos. Luego dijo en voz baja:

—Dios… te pudieron haber matado por su culpa. ¡Qué hijo de puta ese Alejandro! Yo te lo he dicho: tienes que tener cuidado. No vas a conseguir trabajo con esos ideales tuyos. Hazme caso, Johnny. Yo sé lo que te estoy diciendo. Más sabe el diablo por viejo que por diablo.

La represión tiene una larga memoria en nuestra historia, y cada generación aprende a reconocerla con nombres distintos pero el mismo rostro. La realidad es que tanto el gobierno federal como el gobierno colonial han utilizado —y continúan utilizando— a la Policía y a sus agentes encubiertos para fabricar casos, agredir, aterrorizar y sembrar miedo entre quienes no hemos perdido la capacidad de indignarnos ante el abuso de poder.

A pesar de todo, nuestro pueblo continúa luchando por la construcción de un país más justo y solidario.

Todavía hoy resuenan en mi memoria aquellas palabras de Alejandro:

—Juan, no seas pendejo.

No sé dónde descansa hoy el alma de Alejandro González Malavé. Pero de algo sí estoy seguro: nuestro pueblo nunca ha sido pendejo.

Y Juan tampoco.

Foto tomada en Cerro Maravilla durante Trayecto Dignidad 3 2013

36
El regreso de Santos en 1981

Santos junto a mis sobrinos en la calle El Bosque de Santurce.

Para el año 1981, Santos decidió poner fin a su vida laboral en la fábrica de cartón de Brooklyn. Se retiró con el cansancio grabado en el cuerpo y un silencio profundo en la mirada. Volvió a Puerto Rico, como si la isla fuera un puerto al que siempre se regresa, y se instaló junto a mami en Santurce. Dedicó veintitrés años de su vida al cartón, moldeando cajas y empaques, encerrando en ellos su propia rutina. Curiosamente —pienso ahora— la misma cantidad de años que yo dedicaría a la academia, enseñando Derecho en la Universidad Interamericana.

Aunque en el pasado nos visitaba de vez en cuando, aquellas visitas eran breves, de unos pocos días. Pero esta vez era distinto: venía para quedarse. Su llegada llenó la casa de una mezcla de alivio y aprensión, una especie de esperanza temerosa. Sabíamos que su compañía traía consigo un fantasma: el alcohol.

Yo ya era un joven adulto estudiante en la Facultad de Derecho. Las primeras semanas transcurrieron con una calma engañosa, como si el destino nos concediera una tregua. Pero pronto la vieja sombra regresó: Santos volvió a beber. Al principio era un trago al caer la tarde, luego dos, tres… Hasta que los días y las noches se confundieron en un mismo olor a ron y desesperanza.

Una tarde, al llegar a casa, lo encontré gritando, fuera de sí, amenazando con prender fuego la casa con todos adentro. Mami, que cuidaba a mis sobrinos, lo miraba con los ojos llenos de miedo y lágrimas. "Por favor, Santos, no hables así... Mira que si Julito se entera... ¡Dios mío!", decía entre sollozos.

En ese instante sentí que el tiempo se había plegado sobre sí mismo. Volví a ser aquel niño en Brooklyn que, entre las sombras y los gritos, se refugiaba bajo una manta y rezaba a su ángel de la guarda. Pero ahora ya no era el niño, era el hombre. No había miedo, sino una furia contenida, una necesidad de proteger a mami y de romper, de una vez por todas, el ciclo del terror.

Santos no me vio llegar. Me planté frente a él y le solté, con una voz que ni yo reconocí:

—Escuché todo lo que dijiste. Si crees que vamos a seguir tolerando tus borracheras y amenazas, estás equivocado. Si quieres quedarte aquí, deja de beber. ¡Se acabó el sufrimiento para mami! ¿Estamos claros? Porque si no, te saco a patadas de esta casa.

Se quedó paralizado, con la mirada perdida, como si lo hubiesen despertado de una pesadilla. Luego balbuceó disculpas, pidió perdón y se fue a dormir. Al día siguiente dijo no recordar nada. Pero yo sí recordaba. Y mami también.

Pasaron unos días antes de que el infierno volviera a encenderse. Una tarde, al regresar de la universidad, mami me dijo:

—Está borracho de nuevo y se encerró en el cuarto con un cuchillo.

Entonces, golpeé la puerta hasta que el pestillo cedió. Santos se encontraba con un cuchillo en la mano y amenazaba con quitarse la vida. Lo vi allí, temblando, con los ojos húmedos y el alma rota.

—Santos, dame el cuchillo —le dije con voz serena, aunque por dentro me temblaban los huesos—. No puedes hacerle esto a mami ni a nosotros.

Me lancé sobre él y logré arrebatarle el cuchillo. Entonces, como un niño vencido, se derrumbó y empezó a sollozar sudoroso, pero sin soltar una lágrima. Dijo que los nervios, el ruido y los muchachos corriendo por la casa lo sacaban de quicio. "No me siento el hombre de esta casa", murmuró.

Esa frase se me quedó grabada. En su desesperación, Santos revelaba el peso del patriarcado que lo había moldeado: un sistema que le enseñó que su valor como hombre dependía de su control, de su dominio, de ser "el jefe, el hombre de la casa". Y ahora, en su vejez, sin poder ni autoridad, se sentía impotente.

Le propuse conseguirle un apartamento cerca, un espacio donde pudiera tener paz y privacidad. En pocos días encontré uno perfecto en la calle Sagrado Corazón, a unos quince minutos de casa. Mami al principio no quiso saber de él, pero con el tiempo la compasión venció al rencor: empezó a preguntarme si lo había visto y hasta le enviaba comida de vez en cuando.

Yo lo visitaba cuando podía. Su apartamento era pequeño, casi una caja —como aquellas que había fabricado toda su vida—, pero le bastaba. Le gustaba leer el periódico y comentar las noticias. Siempre acabábamos hablando de política, aunque yo trataba de evitarlo. Le inquietaban mis ideas independentistas, temía que me cerraran puertas por pensar distinto. "Ten cuidado, nene", me decía. "Me siento orgulloso de ti, pero con esas ideas no vas a conseguir trabajo".

En el fondo, creo que su miedo no era solo por mí. Era también el miedo de quien había sido derrotado por la vida, el miedo de un hombre que había creído que debía ser fuerte para sobrevivir, y que al final descubrió que esa fortaleza lo había dejado solo.

37
"Yankee Go Home"

En sus tiempos de juventud, Santos simpatizaba con el Partido Nacionalista y trabajaba como chofer de carro público en Salinas, cuando el asfalto todavía olía a sal y a esperanza.

En 1946, el gobierno exigía que todo conductor llevara consigo una placa expedida por el Estado, una especie de sello metálico que lo autorizaba a guiar. Santos guardaba la suya como si fuera un tesoro: en una cajita de lata en el rincón del armario, junto a sus papeles viejos y una foto descolorida de su primer carro.

Fue él quien me enseñó aquella placa por primera vez. Era pequeña, fría al tacto, y me dijo que de ahí venía la frase que aún se escucha —aunque cada vez menos—: "Anda esplacao" o "lo cogieron guiando esplacao". En sus tiempos, significaba que un chofer había sido detenido por conducir sin licencia o, en aquellos años más lejanos, sin su placa.

Las licencias metálicas de conducir ("placas") de Puerto Rico: 1910–1946.

Una vez la policía lo detuvo. No por guiar sin placa, sino por vestir una camisa negra. En aquellos años tenebrosos, llevar una camisa negra o una bandera de Puerto Rico bastaba para que el gobierno te considerara enemigo del Estado. Santos me contó que el guardia lo miró con desprecio, le apuntó con el dedo y le dijo que tuviera cuidado: "Los revoltosos como tú terminan mal".

Santos sabía bien lo que eso significaba. Había visto la represión de un gobierno colonial que castigaba el pensamiento libre y encarcelaba a los que soñaban con la independencia. Resultaba curioso —y profundamente humano— que, cuando estaba sobrio, hablaba con respeto de los Estados Unidos, los elogiaba por su "progreso" y sus "oportunidades"; pero bastaba un trago de ron para que se encendiera el fuego de la patria dentro de él. Entonces se transformaba, el chofer callado se volvía un orador apasionado, denunciando los abusos del imperio, recordando la Masacre de Ponce y pronunciando con fervor el nombre de don Pedro Albizu Campos como quien invoca a un santo.

Me hablaba también de su regreso de la Segunda Guerra Mundial, cuando ya don Pedro —el otro Pedro, el de los discursos incendiarios y la mirada firme— se había unido al Partido Nacionalista. Santos lo admiraba profundamente. "Por su inteligencia, por su valentía... Era un líder de verdad", decía con los ojos brillantes.

Respetaba también a Daniel Santos y a Pedro Ortiz Dávila, Davilita, aquellos trovadores de la independencia que, con sus voces, defendían a la patria mejor que mil discursos. Siempre que hablaba de ellos, estando borracho, su voz adquiría una emoción especial, mezcla de orgullo y nostalgia.

Yo también tuve la oportunidad de escuchar algunas de esas canciones y le dije que había una que consideraba una joya rebelde, interpretada por Daniel Santos junto a Davilita: *"Yankee Go Home"*: [113]

(Se reproduce un fragmento de la letra para fines de análisis)

Si mi pobre Puerto Rico
es libre y es asociado,
si mi pobre Puerto Rico
es libre y es asociado.

¿Por qué no lo han respetado
cuando se habla del negocio,
ese de la independencia?

---

[113] Puedes escuchar la canción *Yankee Go Home* en el siguiente enlace: https://www.youtube.com/watch?v=eLb-9UqVPgs

y es de muchos la creencia
que a Muñoz lo han trasquilado.

¿Por qué no se llevan sus aviones,
por qué no se llevan sus cañones,
por qué no se llevan sus matones
y se van de aquí, y se van de aquí?

Fuera yankee go home, fuera yankee…

A veces pienso que, en cierto modo, todos hemos andado "esplacaos" alguna vez: sin los permisos que la sociedad exige, pero movidos por la necesidad de avanzar, de no quedarnos quietos, añorando un verdadero encuentro con nosotros mismos.

En Santos descubrí la herencia contradictoria de una generación que quiso ser fuerte en un mundo que los debilitaba. Su masculinidad, forjada entre el orgullo y la impotencia, hallaba en el alcohol un refugio, pero también una trinchera. En su rebeldía y su dolor se revela la historia misma de un país que aún busca su libertad y su identidad.

38
Sobrevivir

Santos conocía de cerca la represión política y el miedo impuesto por el gobierno colonial, pero no alcanzaba a comprender la magnitud del control que ese poder ejercía sobre la mente y la vida del pueblo. Había escuchado historias, sí, y sabía que ser independentista podía costarle la cárcel, el exilio, la pérdida del empleo o incluso la vida, pero nunca entendería el refinamiento con el que la colonia opera para perpetuar su dominio: no solo reprimiendo, sino también moldeando el pensamiento del colonizado.

Creyó en el sueño americano, en la promesa de la movilidad social, en la ilusión de que con esfuerzo bastaba para alcanzar la felicidad. Se veía a sí mismo como prueba viviente de ello: había sobrevivido en Nueva York, había trabajado, ahorrado, enviado dinero a nosotros, a quienes consideraba su única familia. Como si la supervivencia — y no la dignidad — fuera el verdadero propósito de la existencia.

Aun cuando reconocía que su pensión de retiro provenía de conquistas obreras y de las luchas sindicales en los Estados Unidos — ese sindicalismo hoy casi extinto tanto allá como en Puerto Rico —, nunca comprendió la fuerza colectiva de la clase trabajadora ni su papel protagónico en la historia. El sistema lo había moldeado para ser útil en la guerra y en la fábrica, no para cuestionar las estructuras de poder que lo oprimían. Fue carne de cañón en el frente, engranaje en la industria y, finalmente, desecho humano arrojado, como bagazo de caña, de vuelta a su isla con una pensión mínima y el cuerpo cansado.

Santos sobrevivió, sí, pero vacío. Jamás alcanzó la paz, la felicidad, ni el amor que tanto anhelaba. Vivió entre la soledad y la frustración, refugiándose en el alcohol como quien busca apagar una herida que nunca sana. El licor se convirtió en su único confidente, su método para silenciar el dolor de un sistema que despoja a los hombres de su valor y los reduce a piezas reemplazables.

Aunque admiraba a don Pedro Albizu Campos y comprendía su grandeza, la propaganda colonial había hecho su trabajo: le enseñó a temer lo que debía amar y a desconfiar de quienes luchaban por su liberación. No conocía a Frantz Fanon ni las teorías del colonialismo, pero encarnaba — sin saberlo — las secuelas psicológicas del colonizado.

Se creyó, como tantos, el mito del amo: que podía alcanzar los logros del hombre blanco, norteamericano y poderoso si seguía las reglas del juego. Pero el juego estaba amañado desde el principio. No comprendió que la desigualdad no era un accidente, sino una estructura de poder; que la pobreza, la violencia y el racismo no eran fallas del sistema, sino su esencia. Las herramientas que la vida le dio — trabajo duro, obediencia a la autoridad y fe — no bastaban para comprender el entramado capitalista, racista, patriarcal y colonial que lo moldeó. Porque el proceso de socialización en una sociedad capitalista y colonial es — y será siempre — disfuncional e inhumano.

Al final, pagó caro por su supervivencia. Abandonó aquella primera familia, a sus hijos e hijas, sin medir el daño que esa ausencia dejaría en ellos y también en sí mismo. La culpa lo acompañó hasta el último día, como un eco persistente. Sobrevivió, sí, pero a costa del amor y del vínculo humano que más necesitaba. Quizás ese fue el destino de muchos hombres de su generación — y tal vez también de la nuestra —: sobrevivir al mundo, pero no a sí mismos.

Santos sobrevivió al hambre, a la guerra y al exilio. Pero no a la soledad.

39
Graduación de Derecho

El día de mi graduación de la Escuela de Derecho de la Universidad Interamericana, en 1982, representó mucho más que un logro académico. Era, en el fondo, el cierre de un ciclo y el comienzo de otro: el paso de la lucha en las calles y las aulas hacia la defensa de la justicia desde el Derecho.

En aquella ceremonia, mientras permanecía sentado junto a una compañera de estudios, en un silencioso gesto de protesta mientras sonaba el himno de Estados Unidos, mi mente vagaba por las calles y comunidades donde transcurrió gran parte de mi vida. Pensaba en la gente que me enseñó el verdadero sentido de la justicia del corazón, esa que brota del amor, de la dignidad y de la profunda solidaridad con los demás.

Santos no asistió a mi graduación. Sabía que papi estaría allí, y prefirió no ir. Mis conversaciones con papi luego de la ceremonia, como siempre, fueron breves, casi silenciosas, como si entre los dos se extendiera una distancia que el tiempo no había logrado cerrar. En la foto, papi aparece con las manos detrás de la espalda, serio, casi ausente, mientras yo intento acaparar en un solo abrazo a mi adorada madre, mis queridas tías Nina y Juanita, mi hermana Ada y mi sobrina Annibelle.

Junto a mami, mis tías, sobrinas y sobrinos, mi hermana Lily y papi durante mi graduación de la Facultad de Derecho de la Universidad Interamericana en 1982.

Ante la insistencia de mami, quien me decía que debía comprarme camisas nuevas de vestir y corbatas, ya que debía lucir como todo un profesional graduado de Derecho, fui a comprar nueva vestimenta con mi amigo de la infancia Gerardo, a González Padín, en Santurce. Mami siempre me decía: "Gerardo sí que viste bien. Siempre anda con su ropita bien planchá'. Aprende de él".

Era muy cierto. Nadie mejor que Gerardo para comprar ropa de vestir. Conocía las tiendas donde tenían los mejores especiales y hasta a los vendedores, quienes siempre le daban la mejor atención y precio. Por eso acepté ir con él a González Padín aquella tarde. El vendedor que nos atendió, al finalizar la compra me preguntó: "¿Cómo va a pagar? ¿Cash o cash cheque?".

La pregunta me tomó por sorpresa. Yo, que acababa de terminar mis estudios y recordando lo aprendido en mi clase de Obligaciones y Contratos, le respondí: "¿Cash o cash cheque? Le voy a pagar cash. Si le pago con cheque, eso no es cash, es tan solo una promesa de pago sujeta a una condición suspensiva, porque usted no sabe si tengo dinero suficiente en el banco para respaldar ese cheque. ¿No le parece?". El vendedor, sorprendido, soltó una carcajada y le dijo a Gerardo: "¡Qué gran verdad me ha dicho este joven!".

Con Gerardo, su hermano Luis y otros dos amigos queridos de mi infancia, Santiago "Chago" y Ariel, jugué durante mis años de escuela elemental y superior interminables canchitas de baloncesto en la azotea del edificio #1875, en la avenida Eduardo Conde. La familia de Gerardo — su mamá doña Nati, su papá don Polo, y sus hermanas Ana María, Lourdes y Eva — siempre me trataron como parte de la familia. No fueron pocas las ocasiones en que llegué a cenar o almorzar en su casa. Vivían en un humilde apartamento rentado bajo la Ley de Alquileres Razonables[114] en aquel edificio frente a la avenida Eduardo Conde, con entrada por un portón lateral en el callejón de la calle Castelar, en Santurce.

Junto a mis queridos amigos de juventud y vida, Gerardo, Luis y Ariel, en mi graduación de la Escuela de Derecho.

El Derecho, para mí, nunca fue un instrumento de prestigio o poder. Desde mis primeros días como estudiante, entendí que la toga debía servir para proteger, no para dominar. Esa visión me acompañó cuando decidí ejercer desde el barrio y la comunidad, no desde los templos del poder, porque el

[114] La Ley de Alquileres Razonables se promulgó durante una emergencia de vivienda tras la Segunda Guerra Mundial y tenía como objetivo principal controlar los precios de los alquileres y proteger a las familias pobres de desalojos injustificados. En 1995 se derogaría la legislación para proteger los intereses propietarios de los arrendadores en menosprecio de los derechos de vivienda de las familias pobres del país.

verdadero derecho no vive en los códigos, sino en la calle, en la voz de los que no tienen voz. Nemesio Canales lo explicó con toda claridad en uno de sus *Paliques* sobre la riqueza y la pobreza. [115]

Aprendería de Alda Facio que el Derecho es un producto más del sistema patriarcal[116] y, como tal, ha desempeñado un rol fundamental en el mantenimiento y reproducción de todas las desigualdades. De ahí la necesidad de su transformación radical.

De William Quigley aprendería que el abogado que no escucha al pueblo se convierte en parte del problema y no en instrumento de liberación.[117] Durante años lo vi, lo viví y lo confirmé: la justicia que no se comparte, se corrompe.

Para que la abogacía sea un compromiso verdadero con la justicia, esta debe procurar trabajar por el desmantelamiento de todas las estructuras jerárquicas de poder, privilegios y estatus que oprimen al pueblo.

Por eso, mi toga fue siempre un puente entre dos mundos —el académico y el de la comunidad—, y cada caso, una oportunidad para provocar un cambio a favor de la justicia social. Esa fue y sigue siendo mi toga, mi barrio y mi promesa.

Mami siempre me demostró que el respeto no se impone con leyes, sino con amor. En sus palabras se escondía una lección más profunda que cualquier curso de ética jurídica: que el Derecho, si no nace del corazón, se convierte en una herramienta vacía. Quizás por eso, cada vez que defendía a alguien, recordaba las veces que el amor me defendió a mí: de la pobreza, de la violencia, del miedo, de la injusticia y de los silencios que tantas veces oprimen más que las cadenas.

---

[115] "Ya puede un Estado pasarse años y años promulgando leyes, que si estas leyes no arraigan de algún modo en algún recoveco del alma colectiva, del alma del pueblo, nadie, ni jueces, ni carceleros, ni guardias, la librarán de verse burladas, pisoteadas y olvidadas por todo el mundo. En cambio, cuando una ley se basa en una necesidad o sentimiento de la colectividad, cada ciudadano, cada hombre, cada calle, cada casa, constituye un celoso guardián de dicha ley". Extracto de Paliques; Riqueza y Pobreza VII;
https://nemesiorcanales.blogspot.com/2022/06/riqueza-y-pobreza-viii_18.html

[116] Véase: Feminismo género y patriarcado; Alda Facio y Lorena Fries :
https://repositorio.ciem.ucr.ac.cr/server/api/core/bitstreams/155cb226-407c-4674-9408-0bb6c0112dfb/content,

[117] Revolutionary Lawyering: Addressing the Root Causes of Poverty and Wealth William P. Quigley;
https://redclinicasjuridicas.ar/wp-content/uploads/2021/12/Revolutionary-Lawyering_-Addressing...-William-P.Quigley.pdf

Al final, entendí que ejercer la abogacía no es una meta, sino un compromiso. Un acto de fe en que la justicia no es una utopía, sino una forma de amor puesta en práctica.

40
Irma

Foto con Irma

La conocí la noche de mi baile de graduación en la Facultad de Derecho de la Universidad Interamericana, en San Juan. Estaba a punto de irme cuando una compañera, Iversy Zayas, me pidió que aguardara, quería presentarme a su prima hermana. Irma estaba sentada junto a una amiga, vestida de blanco, con el cabello largo y ondulado derramado sobre los hombros. Tenía una luz propia, de esas que obligan al mundo a bajar el volumen.

Me acerqué, hubo una presentación breve y una conversación tímida. Y de pronto, yo, pésimo para el baile, ya me movía con ella por la pista, pisándole los pies con torpeza y pidiéndole disculpas. No le importó. En aquella hora pensé que era amor a primera vista. Muchos años después entendería que el amor no es un relámpago sino un oficio, y que esa leyenda de enamorarse al primer golpe de mirada es una de tantas ficciones románticas que Hollywood y las telenovelas nos enseñaron a aceptar como verdad.

Irma me recordaba a Sigourney Weaver, mi actriz favorita entonces, la misma que encarnó a Ellen Ripley en *Alien* (1979), una de las pocas películas que había visto donde una mujer llevaba el peso de la historia sin pedir permiso ni perdón. En ella no había rastro de la caricatura de la esposa sumisa y tonta.

Algo de esa fuerza vi en la joven de vestido blanco. Tal vez también había en Irma un eco de mi madre. Pero lo que me atrapó fue otra cosa: sus ojos. Dicen que en los ojos se abren pasadizos a las habitaciones más secretas del alma. En los de Irma, detrás del encanto, se adivinaba una pena honda, cicatrices de una infancia marcada por el abuso y la violencia.

Su madre, Catalina Rivera, se casó a los quince años en el pueblo de Ciales con José Zayas, nueve años mayor, criado —como mi padrastro Santos— en un hogar férreamente patriarcal. José aprendió pronto las artes venenosas del macho: infidelidad, alcohol, maltrato y control. Con Catalina tuvo dos hijas, Margarita e Irma. A las niñas les tocó crecer en una casa donde el amor era promesa y no costumbre. Catalina y José quisieron darles lo mejor, pero terminaron repitiendo los modelos que habían sufrido en sus propias familias: el sexismo cotidiano, la disciplina hecha de gritos y golpes, la autoridad como amenaza.

José trabajó como técnico de máquinas de coser en la fábrica Playtex de Manatí. Tenía fama de "echar ojo y maíz" a cuanta empleada joven se cruzara en su camino. En el barrio se celebraba su hombría porque "tenía muchas novias". La masculinidad medida en conquistas, como si el respeto fuera un traje que no se ajustaba a los hombres. De niño yo mismo escuché elogios similares: "¡Qué lindo el nene, debe tener muchas novias!", me decían, y me preguntaba por qué no hablaban así de mis hermanas.

José también bebía, y no poco. Su lógica era simple: él proveía dinero y con eso bastaba. Pero a principios de los setenta el salario ya no alcanzaba y Catalina comenzó a trabajar. Entonces, la casa se agrietó todavía más. José no toleraba que su esposa saliera del hogar. Decía temer que otro hombre la cortejara, aunque en realidad sus celos eran la cortina que escondía su propia infidelidad con una obrera de la fábrica.

Los celos trajeron golpes. José llegó a desfigurarle el rostro a Catalina a puñetazos. A las niñas las "disciplinaba" con la hebilla metálica del cinturón, y después, en una parodia de arrepentimiento, aseguraba que le dolía pegarles y que lo hacía por amor. Esa mentira me era conocida también.

El acoso y la humillación convirtieron la casa en un campo de batalla. Catalina, agotada, repetía delante de sus hijas: "Un día de estos me van a encontrar ahorcada". Y ese día llegó de otra forma. El 11 de septiembre de 1969, José llegó con una libra de pan y un litro de leche. Margarita tenía trece años; Irma, once. No quiso cenar. Se bañó y salió de la casa de mal humor. Catalina tiró la comida al zafacón, mandó a las niñas a acostarse y se quedó dando vueltas por la sala. Irma, inquieta, espiaba desde la cortina del cuarto.

Vio a su madre entrar en la covacha del patio. Escuchó el agua del fregadero y el tintineo de una cuchara en un vaso. Al cabo de un rato oyeron jadeos extraños.

"¿Mami, ¿qué te pasa?", preguntó Irma.

No hubo respuesta. Cuando entraron al cuarto, Catalina yacía boca arriba, con los ojos abiertos, inmóvil y con una espesa espuma blanca que brotaba de la boca. Las niñas giraban alrededor de la cama como satélites rotos, llamándola, tocándola, llorando. Los vecinos llegaron con el estruendo de los gritos y la llevaron al hospital de Manatí.

A las nueve de la noche certificaron su muerte: colapso circulatorio por envenenamiento con fósforo orgánico. Más tarde, Margarita encontró en la covacha un papelito: "Me envenené. Cuida bien a mis hijas. Catín".

Tenía 30 años cuando murió.

Catalina nunca conoció el amor. De niña aprendió que debía ser buena esposa y ama de casa, y le regalaron muñecas, casitas y cocinitas para entrenarla para la maternidad. A los quince se casó. Durante quince años padeció maltrato, infidelidad y control. El patriarcado le robó el futuro.

✝

Rogad a Dios en Caridad
por el Alma de

Catalina Rivera de Zayas

quien falleció
el 11 de Sept. de 1969
a la edad de 30 años
El sepelio se verificó
el día 13 de los corrientes
en el Cementerio Municipal
Ciales, Puerto Rico
Su recuerdo estará siempre
en nuestro Corazón.
Oí una voz del cielo que decía: Bienvenidos los muertos
que mueren en el Señor.
Apo. 14-13
Funeraria Roberto Menéndez
Manatí, Puerto Rico

Foto de tarjeta de oración funeraria de Catalina Rivera

Dos años después, José volvió a casarse. Irma se fue a vivir con su tío Lulo. La rabia contra su padre era una piedra imposible de tragar. Las hermanas de Catalina lo culpaban de la tragedia. El día del segundo aniversario de la muerte fueron a las Parcelas Márquez a increpar a Blanca —la nueva esposa— porque no habían llevado flores al cementerio. Hubo gritos y amenazas. Para calmar los ánimos, José decidió llevar a Blanca y a Margarita al río de Ciales. Bebió en el camino. Bebió en el río. De regreso, perdió el control del carro y se volcó. Margarita fue conducida al hospital de Arecibo.

"Mami, Mami, no me lleves", murmuró aquella madrugada. Una costilla rota le perforó el pulmón derecho. Murió a las 2:20 a. m. del 12 de septiembre de 1971. Tenía quince años. Seis meses después nació Sonia Margarita, hija de José y Blanca, el mismo día y mes del nacimiento de la primera Margarita. José prohibió celebraciones. En esa fecha debía guardarse silencio.

Foto de tarjeta de oración de funeral

Irma terminó viviendo con sus tíos en Carolina. La muerte de su madre y de su hermana la marcó con el hierro candente de lo irreparable. Como suele ocurrir con quienes crecen en hogares violentos, en su vida adulta se vinculó con un hombre que repetía, con puntualidad de relojero, los patrones de dominio y control. Su primer matrimonio naufragó al cabo de año y medio. Las escenas que había visto de niña volvieron bajo el mismo guion. Embarazada, decidió irse para salvar a su criatura y salvarse a sí misma. Con el apoyo de amigas y familiares, cerró esa puerta antes de que el desastre fuera mayor.

Nos conocimos pocos meses después, en aquel baile. Traíamos heridas semejantes, aunque las suyas eran mucho más profundas. Ambos queríamos llegar a conocer el verdadero amor, pero nos deparaba un largo y tortuoso camino para acercarnos a él. Aunque nos conocimos como adultos, seguíamos siendo aquel niño y aquella niña marcados lastimosamente por la cultura del patriarcado.

De aquel encuentro —entre dos sobrevivientes—, con nuestros aciertos y desaciertos, nuestras heridas y fortalezas, nuestros pecados y nuestras virtudes, terminamos constituyendo un hogar junto a los seres que más amamos, Maybeliz, Emmanuel y José Luis. Nuestra hija e hijos crecieron en un espacio donde el amor intentó ser refugio y no castigo. Hoy, la vida nos bendice además con nuestra nieta, Jade Sofía, y nuestros nietos Kayden y Noa.

41
El desahucio y "Una falta y estás fuera"

El País / 29

Enfrentan unidos la ley de una falta

POR DENTRO

Groups demand changes be made to federal '1-strike law'

The San Juan

PRIMERA HORA 25¢

Espera legislación 'una falta y fuera'

Humanizará ley de una falta y afuera

Partes de prensa sobre el impacto negativo de la politica desahucios en la isla

La primera vez que escuché *El desahucio*[118] no fue en la voz de un declamador famoso[119] ni en una tarima, sino en la sala de mi casa, en la voz quebrada de mi padrastro.

Cuando ya estaba bastante "picado" por los tragos de alcohol, a Santos le gustaba recitar aquel poema en reuniones familiares o entre amigos. Recuerdo siempre con cuánta pasión declamaba los versos que narran la angustia de un campesino pobre acusado ante un tribunal de haber asesinado al supuesto dueño de sus tierras durante una acción de desahucio.

[118] Lorenzo Coballes Gandia fue un destacado orador, maestro de matemáticas, abogado, legislador y poeta nacido en el pueblo de Hatillo en 1888, autor del poema *El desahucio.* Como legislador presentó un Proyecto de Ley para que se celebrara el día los Reyes Magos como día feriado oficial en la isla. Murió en 1995.

[119] Juan Boria, gran declamador puertorriqueño conocido por su interpretación de la poesía negroide. *Se le conocia Tambien como el Faraón del Verso Negro, fue artista de la palabra, dramatizó durante mucho años las poesías de Fortunato Vizcarrondo, Luis Palés Matos y Nicolás Guillén, entre otros. (1905-1995)*

Con los años comprendí que aquel poema no era solo una tragedia literaria, sino el retrato de una realidad que sigue repitiéndose.

Se ha dicho muchas veces que en Puerto Rico hay muchas casas sin gente y muchísima gente pobre sin casa. Lo que pocas veces se explica es cómo el patriarcado también se reproduce a través de las políticas públicas de vivienda, decisiones gubernamentales que afectan con mayor dureza a las clases pobres y, de manera particular, a las mujeres.

Luego de varias denegaciones de empleo debido a mis creencias políticas y mi renuncia al Departamento de Hacienda, finalmente logré conseguir trabajo como abogado en Servicios Legales, representando a personas y familias de escasos recursos económicos.

Uno de mis primeros casos consistió en representar a doña Nati —la madre de Gerardo y Luis, mis amigos de infancia en Santurce, en una acción de desahucio presentada por el arrendador del edificio #1875 de la avenida Eduardo Conde. Todos los residentes de aquel edificio eran familias humildes y trabajadoras. La mayoría de los hogares estaban encabezados por mujeres que no contaban con los recursos necesarios para pagar los servicios de un abogado en la práctica privada.

Recuerdo aquel caso con claridad: no solo defendíamos a una familia, sino el derecho de toda una comunidad a no ser expulsada de su propio hogar.

Ante el tribunal presentamos diversas defensas basadas en violaciones a la entonces vigente Ley de Alquileres Razonables, al debido proceso de ley y a disposiciones de nuestra Constitución. El tribunal acogió nuestros argumentos y desestimó aquella demanda injusta.

Sentí una profunda satisfacción al defender a mi propia comunidad.

La pobreza tiene rostro de mujer

No es casualidad que, en las sociedades patriarcales, la pobreza tenga rostro de mujer.[120] En Puerto Rico, aproximadamente el 58% de las demandas de

---

[120] *Mujer, desigualdad y pobreza: un mismo rostro*, Manos Unidas, 8 de marzo de 2024, disponible en:https://www.manosunidas.org/delegacion/barcelona/noticia/mujer-desigualdad-pobreza-mismo-rostro

desahucio por falta de pago tienen como parte demandada a una mujer. Esta cifra aumenta a un 75% cuando se trata de desahucios en vivienda pública.[121]

Las mujeres, con menores ingresos y mayores responsabilidades familiares, enfrentan obstáculos estructurales para sostener una vivienda. La brecha salarial, el empleo precario y la invisibilización del trabajo doméstico no remunerado profundizan aún más esa desigualdad.

El sistema económico solo reconoce lo que se paga. Todo lo demás —el cuidado, la crianza, la sobrevivencia cotidiana— queda fuera de la ecuación.

Una falta y estás fuera

Tras la eliminación de la Ley de Alquileres Razonables en Puerto Rico en 1995, el gobierno federal adoptó en 1996 una de las políticas de vivienda pública más devastadoras sobre las familias pobres, particularmente sobre las mujeres.[122]

Fue durante la presidencia de Bill Clinton que esta política se popularizó bajo la frase:

One strike and you're out —"Una falta y estás fuera".

Aunque se justificaba como una estrategia para combatir la criminalidad, en la práctica castigó a miles de familias vulnerables.[123]

La reglamentación permitía desalojar a todo un núcleo familiar basándose en la conducta delictiva real o alegada de cualquier miembro del hogar — o incluso de un visitante.

Peor aún, la interpretación del Departamento de Vivienda federal impedía a los inquilinos inocentes presentar defensas afirmativas, como la falta de conocimiento, ausencia de participación o falta de control sobre la conducta del tercero. La responsabilidad era absoluta.

---

[121] Adriana Maldonado, *Pobreza y violencias ponen en riesgo una vivienda segura para las mujeres*, Revista Todas, abril 2023, disponible en:Adriana Maldonado; https://www.todaspr.com/pobreza-y-violencias-ponen-en-riesgo-una-vivienda-segura-para-las mujeres/#:~:text=En %20el %202022 %2C %20en %20aproximadamente,cifra %20aument a %20a %20un %2075 %25.

[122] Barclay Thomas Johnson, *The Severest Justice Is Not the Best Policy: The One-Strike Policy in Public Housing*, 10 J. Affordable Hous. & Cmty. Dev. L. 234 (Spring 2001).

[123] Nelson Mock, *Punishing the Innocent: No-Fault Eviction of Public Housing Tenants for the Actions of Third Parties*, 76 Tex. L. Rev. 1495 (1998).

Pero nada me preparó para uno de los casos más desgarradores que llegó a nuestras manos.

Se trataba de una mujer víctima de violencia patriarcal. Su exesposo la había agredido brutalmente hasta dejarla casi inconsciente. Luego tomó a la hija de ambos, de apenas meses de nacida, y la llevó a un punto de drogas donde intentó venderla a cambio de sustancias.

Fueron los vecinos quienes alertaron a la policía. El agresor fue arrestado. Días después, la administración de vivienda notificó a la mujer que su contrato sería cancelado bajo la política de "una falta y estás fuera".

La víctima fue nuevamente victimizada por el Estado.
Se le imponía responsabilidad absoluta por los actos de su agresor.

70 POR DENTRO

Una *Falta* y todos fuera

[124]

La lucha legal

---

[124] Recorte de prensa del periódico *El Nuevo Día*, sobre la charla que ofrecí en el Residencial Ramos Antonini en 1999 acerca de la política de vivienda de "una falta y estás fuera". La totalidad de las asistentes eran mujeres afectadas por la reglamentación federal que imponía responsabilidad absoluta por la alegada conducta delictiva de terceros.

En 1999 presentamos una demanda ante el Tribunal de Distrito Federal en San Juan, cuestionando la constitucionalidad de aquella reglamentación y su impacto desproporcionado sobre las mujeres.[125]

El tribunal federal desestimó el caso mediante sentencia sumaria. Pero no nos dimos por vencidos.

Continuamos presentando defensas exitosas en tribunales locales que evitaron numerosos desalojos, en su mayoría de mujeres, y emprendimos una intensa campaña legislativa para reconocer los derechos de inquilinos inocentes.

Un cambio en la ley

Como resultado de esa lucha, en el año 2001 se aprobó la Ley 171.[126] La exposición de motivos de dicha ley incorporó gran parte de la ponencia que presenté ante la Legislatura como miembro de la Comisión de Derechos Humanos y Constitucionales del Colegio de Abogados y Abogadas de Puerto Rico.

Esta legislación estableció salvaguardas importantes antes de ejecutar un desahucio, incluyendo la consideración de la presencia de menores, personas envejecientes o con discapacidad.

También permitió que inquilinos inocentes pudieran presentar defensas afirmativas, y promovió la coordinación con agencias del Estado para proteger a poblaciones vulnerables.

Fue un paso importante. Pero no suficiente.

Una lucha que continúa

A pesar de estos avances, las injusticias persisten. Muchos casos de desahucio terminan en sentencias en rebeldía porque las personas demandadas no

---

[125] *Morales Guadarrama v. U.S. Dep't of Hous. & Urban Dev.*, 74 F. Supp. 2d 127 (D.P.R. 1999).

[126] Véase Ley Núm. 171-2001, disponible en:https://www.lexjuris.com/lexlex/leyes2001/lex2001171.htm

cuentan con representación legal. En más del 70% de estos casos, el resultado favorece al demandante. [127]

En 2011, la legislatura enmendó la ley para acortar los términos de reconsideración y apelación, limitando aún más el acceso a la justicia.[128]

Un informe de la Corporación de Servicios Legales de Estados Unidos reveló que el 92% de las personas de bajos ingresos no recibe asistencia legal adecuada en casos civiles. [129]

En Estados Unidos, tan recientemente como 2024, las mujeres representaban también el 58% de las personas enfrentando demandas de desahucio, con una sobrerrepresentación marcada de mujeres negras e hispanas. Las principales víctimas siguen siendo mujeres, niñez y familias pobres.[130]

La violencia institucional

La violencia patriarcal no se limita al ámbito doméstico ni a las relaciones de pareja. Se proyecta también desde las instituciones del Estado y del derecho, revestida de legitimidad y neutralidad técnica. Cada ley redactada sin perspectiva de género, cada política pública que ignora la dignidad humana, cada decisión administrativa o judicial que expulsa a una madre de su hogar constituye un acto de violencia institucional.

El Estado patriarcal no golpea con los puños, sino con leyes, reglamentos, sentencias y desalojos; castiga la pobreza con el mismo rigor con que protege el privilegio. Por eso, hablar de justicia de género implica también denunciar las violencias que se ejercen desde los tribunales, las agencias y las políticas públicas. Mientras la ley siga siendo ciega a la desigualdad, el derecho continuará siendo un instrumento de opresión.

---

[127] The Pew Charitable Trusts, *Debt collection cases continued to dominate civil dockets during the pandemic* (18 de septiembre de 2023), disponible en:https://www.pew.org/en/research-and-analysis/articles/2023/09/18/debt-collection-cases-continued-to-dominate-civil-dockets-during-pandemic

[128] Ley Núm. 86 del 5 de junio de 2011.

[129] Véase: *The Justice Gap: The Unmet Civil Legal Needs of Low-income Americans*, Legal Services Corporation (2022), disponible en:https://justicegap.lsc.gov/#:~:text=Low %2Dincome %20Americans %20did %20not,Read %20the %20Report

[130] Véase *Eviction Tracking System*, Eviction Lab, Princeton University, disponible en:https://evictionlab.org/eviction-tracking/

42
"*De Barrio Obrero a la 15*"

Junto a Santos y Proby en el pueblo de Salinas. Estoy cargando a mi hija Maybeliz, de apenas 7 meses.

Uno de los grandes éxitos del maestro Willie Rosario fue *De Barrio Obrero a la 15.* Su ritmo contagioso atravesó fronteras y encontró eco en pueblos de toda América Latina. En Colombia, donde también existe un Barrio Obrero y una calle 15 bulliciosa, la canción se adoptó como himno popular.

Santos solía recorrer esas calles casi como una ceremonia personal. Caminaba desde la calle Sagrado Corazón hasta la parada 15 y luego regresaba hasta Charneco, en el corazón del Barrio Obrero.

Decía que caminar le limpiaba la mente, que era su manera de rezar sin iglesia. Pero un día, su ruta cotidiana se interrumpió por la violencia absurda que habita nuestras esquinas: un hombre —"un tecato", según Santos— lo asaltó, lo golpeó con la culata de un revólver y le robó la pensión.

Cuando le pregunté si había denunciado el ataque, me respondió con amarga ironía:

—¿Tú crees que la policía hace justicia? La próxima vez, el que asalte se va a llevar una sorpresa.

Intenté disuadirlo:
—No cometas una locura, Santos.

—No te preocupes, mijo —dijo, medio sonriendo—, yo sé defenderme. Lo que pasa es que me descuidé.

Poco después conoció a Providencia Rosa —a quien todos llamaban "Proby"— en una barra cercana a la Plaza Barceló. Desde entonces, sus caminatas se hicieron más cortas y sus tardes mucho más largas.

Proby era una mujer diminuta, de unos sesenta y ocho años, de piel curtida y cabellos grises. Caminaba con una leve cojera, secuela de un accidente antiguo, y conducía un enorme Cadillac Sedan DeVille del 62, como si la desproporción entre su cuerpo y aquel monstruo de acero fuese una declaración de orgullo.

Tenía una mezcla encantadora de picardía y ternura. Hablaba mitad en inglés y mitad en español, con una cadencia que convertía cualquier conversación en un baile de acentos. Había vivido muchos años en Estados Unidos y sobrevivido a un matrimonio con un hombre violento. "Tuve que hacerme fuerte, *honey*, porque si no, me mataba", me dijo una vez.

Su afición por la bebida era su sombra más antigua. Sin embargo, pese a sus trifulcas y sus resacas, Santos y Proby se querían a su modo —una pareja de sobrevivientes que se cuidaban entre ruinas. Decían que podían beberse hasta el Orinoco y seguir riéndose después. Tuvieron varios accidentes de tránsito, milagrosamente sin consecuencias graves.

Recuerdo uno en particular: Proby chocó el carro de una señora en Río Piedras. Me llamaron al trabajo —yo recién había aprobado la reválida— porque Santos estaba fuera de sí y necesitaban un abogado. Cuando llegué al Centro Judicial, la víctima estaba furiosa. Proby, con su inglés deshilachado, intentaba explicarse. Le aseguré a la mujer que el seguro cubriría los daños, pero no quiso escuchar. Se fue sin presentar querella y el caso fue archivado.

Esa tarde llevé a Proby a su casa en Campo Rico. Me insistió en que entrara "aunque sea a tomar un poquito de *water*". Lo hice, para complacerla. Apenas crucé la puerta, abrió una alacena que era un altar a la embriaguez: botellas de ron, vodka, whisky y ginebra alineadas como soldados.

—Toma lo que quieras, *Johnny*.

—No, doña Proby, no bebo.

—¿Cómo que *you don't drink*? ¡*Oh my God*! ¿No eres hijo de Santos?

—No, señora. Santos es mi padrastro.
—*Same thing*, nene.

Le dije, riendo: —Si supiera que no bebo porque Santos se tomó todo el alcohol que me tocaba a mí en esta vida

Ella me miró un segundo, y luego soltó una carcajada larga y sincera.

Con el tiempo, Santos se mudó a vivir con ella. Hicieron un trato sencillo: él le ayudaría con la hipoteca y le haría compañía. En el vecindario decían que eran el uno para el otro, dos espíritus testarudos que habían hecho las paces con sus soledades.

Años más tarde, trabajando en Servicios Legales, recibí una llamada curiosa. Mi secretaria me dijo que había al teléfono "una señora medio rara" buscando al "*attorney Johnny Correa*".

Cuando le explicó que no había ningún "Johnny", la mujer respondió: "Soy la *chilla* del *father* del *attorney* Correa".

Era Proby, por supuesto.

Días después supe que había hecho lo mismo con mi hermana María. Se presentó en su trabajo en el Banco y anunció con total desfachatez: —¿Usted es María Correa? Pues yo soy la *chilla* de su papá y la quería conocer *personally*.

María casi se desmaya, pensando que hablaba de nuestro padre biológico y no de Santos. Así era Proby: deslenguada, libre y sin filtros. Y, de alguna manera, entrañable.

43
El barbero ficticio

Cuando mi hijo Emmanuel tenía tres o cuatro años, solía llevarlo a visitar a Santos. Aquel hombre endurecido por la vida se ablandaba solo con verlo. Lo sentaba en sus rodillas y, con un brillo de juego en los ojos, le decía:

"Estás pelú". No quiero verte como esos 'pelús' de la UPI. Hoy te voy a recortar".

Entonces comenzaba el ritual del barbero ficticio. Con las tijeras invisibles de su mano derecha hacía "chis, chas, chis, chas", y con la izquierda acomodaba el cabello de Emmanuel como si de verdad tuviera una peinilla. Mi hijo, embelesado, seguía con la mirada los mechones imaginarios que caían al suelo.

Al final del "recorte", Santos metía la mano al bolsillo y le daba unos pesitos:

"Para que te compres unos dulces, campeón".

Era una escena de ternura pura, casi milagrosa. Pero como todo en Santos, la dulzura tenía fecha de caducidad. Sus borracheras se hicieron más frecuentes. Algunas veces lo encontré tirado en el sofá, solo; otras, con Proby, los dos hundidos en su propio naufragio.

Cuando pedía cargar a Emmanuel, yo vacilaba. Se lo entregaba, pero apenas lo sostenía un momento antes de arrebatárselo. Recordaba las veces en que mis hermanas y yo, de niños, éramos abrazados por ese mismo hombre: los besos húmedos, el olor penetrante del alcohol, los apretones incómodos.

Santos resentía mis visitas cortas. Me despedía con un gesto triste mientras yo improvisaba excusas: "Irma me espera para hacer compras", "dejé unos documentos en la oficina".

En el fondo, ambos sabíamos que no huía de él, sino del espejo que representaba: lo que el patriarcado hace de los hombres cuando no conocen otra forma de nombrar el amor que a través del poder o del trago.

El alcohol se convirtió en su refugio, su confesionario, su anestesia. Cada trago era un intento torpe por ahogar la culpa, la soledad, el desarraigo. Y, sin embargo, bastaba con ver a Emmanuel en sus brazos para que algo en él se quebrara. Quizás, en esos breves instantes de juego y risas, Santos encontraba una segunda oportunidad: la posibilidad de amar sin violencia, de cuidar sin miedo.

A veces pienso que aquel juego de "chis, chas" era más que un gesto tierno. Era, sin saberlo, su manera de pedir perdón. En cada tijera invisible parecía cortar un pedazo de su propia historia: la del niño que alguna vez quiso ser abrazado sin miedo, la del hombre que no supo hacerlo mejor, la del padre que aprendió demasiado tarde que amar también es permitir que te vean vulnerable.

Y mientras lo miraba, comprendí que su historia no era solo suya. Esa incapacidad de amar sin dominar, sin beber, de expresar sin agredir, sigue viva en muchos hombres de mi generación y de las que vinieron después. El patriarcado no solo mata y mutila a las mujeres, también despoja a los hombres de su humanidad. Nos enseña a temer a la ternura, a confundir respeto con control y a llamar fortaleza a lo que no es más que miedo.

Por eso, cuando miro las fotos de aquellos días —Santos sonriendo, Emmanuel riendo en su regazo—, pienso que ese instante fue una grieta luminosa en una historia marcada por la dureza. Una tregua breve entre la herencia del dolor y la posibilidad del cambio.

Porque quizás el verdadero legado que un hombre puede dejar no es su fuerza, sino su capacidad de romper el ciclo que lo hizo débil ante sus propias emociones. Y así, cada vez que recuerdo a Santos, no lo juzgo.

Solo me pregunto cuántos "barberos invisibles" siguen cortando el aire con sus manos, buscando, entre tijeras imaginarias, una forma de volver a sentirse dignos y amados.

44
Richie Pietri y la Ley de Violencia Doméstica

VOCERO DE PUERTO RICO

40¢

Senador plantea hay otras interrogantes caso Arbona (Lea Pág. 2)

EX CANASTERO MATA ESPOSA MARTILLAZOS

(Lea Pág. 3)

RICHIE PIETRI

Arrestan madre y un cuñado de Toño Bicicleta (Lea Pág. 2)

Negociaciones Pamasco en etapa sensitiva (Ver Pág. 6)

Falsificadores cheques PAN

Empleados UPI prometen continuar Retiro (Lea Pág. 6)

Empleados UPI prometen continuar Retiro (Lea Pág. 6)

Portada del periodico El Vocero 7 Mayo 1988

El 7 de mayo de 1988 fui a visitar a Santos y a Proby a su casa en Río Piedras. Los encontré discutiendo acaloradamente mientras bebían. El tema era la noticia que estremecía al país: el asesinato de Ivonne Rodríguez, esposa del baloncelista de San Germán, Richie Pietri. Según los periódicos, Pietri la había matado a martillazos: veintisiete golpes en la cabeza y una puñalada en el ojo.[131]

Santos, con su moral de macho antiguo, dijo:

—Eso fue que ella se las estaba pegando con otro.

Proby, encendida, le contestó:

—That's no reason to kill her! Si yo ya no te quiero y estoy con otro, tú no tienes derecho a matarme, ¿you know?

Santos replicó:

—Es que hay mujeres que se las traen, se pasan en la calle y el hombre se ciega.

---

[131] https://www.elvocero.com/opinion/decisi-n-del-tribunal-supremo-de-puerto-rico-falsa-noci-n-de-intimidad/article_14ede97a-b132-11eb-b34a-57cd07820dcf.html

—That's bullshit. Machismo —respondió ella golpeando la mesa.

Escucharlos era oír al país mismo debatiéndose entre la costumbre y el cambio. Santos representaba la voz del patriarcado cotidiano, la idea de que la mujer es propiedad del hombre, que su cuerpo y su libertad terminan donde empieza la autoridad masculina.

En mis más de cuarenta años como abogado, representando a mujeres en casos de divorcio, pensiones alimentarias, custodia y violencia patriarcal en los centros de Servicios Legales en Puerto Rico y los Estados Unidos, así como en el Instituto Puertorriqueño de Derechos Civiles y en la Clínica de Asistencia Legal de la Universidad Interamericana, escuché en cientos de ocasiones las historias de mis clientas cuando sus esposos o parejas las controlaban y amenazaban.

Sus palabras se repetían con una puntualidad que helaba: "tu lugar es tu casa", "no salgas con trajes muy apretados", "no uses mucho maquillaje o faldas cortas", "no quiero que mi mujer trabaje". Y cuando el control fallaba, llegaban las amenazas: "si te cojo con otro, te mato", "eres mía o de nadie", "te pego porque aquí yo soy el que manda", "te pegué porque vistes como puta".

En una ocasión, una clienta me contó que su marido, ante la sospecha de que ella le era infiel, le dijo delante de sus hijos mientras los sacaba a pasear en el auto: "Qué bueno sería si chocamos y matamos a toda esta familita".

Durante el juicio, Pietri confesó que mató a su esposa porque ella le dijo que ya no lo quería y que él "ya no era hombre para ella".[132] Aquella frase fue la que hirió su sentido de masculinidad y se convirtió en sentencia de muerte. El país entero se estremeció con este caso.

La Ley 54 para la Prevención e Intervención con la Violencia Doméstica se aprobaría poco tiempo después, resultado de las luchas libradas por el movimiento feminista en el país. Una de las batallas más arduas fue incluir la violación conyugal como delito, porque muchos legisladores —varones, por supuesto— alegaban que era "meterse en la cama de la gente". Las feministas respondieron con una verdad que aún retumba: "Es el Estado

---

[132] *Crimepod Puerto Rico*, "El crimen de Richie Pietri", disponible en: https://podtail.com/es/podcast/crimepod-puerto-rico/el-crimen-de-richie-pietri/

el que ya está en nuestras casas, en nuestras camas y hasta en nuestros cuerpos".[133]

La Ley 54 marcó un antes y un después. No porque erradicara la violencia, sino porque nombró el horror, lo hizo visible y punible. Fue la primera vez que el país, en voz de la ley, reconoció que el hogar podía ser una zona de guerra y que el amor no debía doler.

Esa tarde, cuando me despedí de Santos y Proby, todavía discutían. Él con su vaso en la mano, ella golpeando la mesa cada vez que él decía algo que no le cuadraba. Pensé que en esa sala pequeña y ruidosa había más democracia que en muchos parlamentos: una mujer que no callaba, un hombre al que nadie había enseñado a escuchar, y entre los dos, sin saberlo, la misma conversación que el país necesitaba tener.

Desde entonces, cada mujer que decide denunciar y cada persona que la acompaña en ese proceso continúan escribiendo, con enorme costo y valentía, la historia viva de esa ley.

---

[133] *Todas PR*, "La ley que ha salvado la vida de miles de mujeres cumple 30 años", disponible en: https://www.todaspr.com/la-ley-que-ha-salvado-la-vida-de-miles-de-mujeres-cumple-30-anos/

45
La violencia que atraviesa el silencio

"El Estado tiene un ADN patriarcal." — Rita Segato[134]

Foto tomada por autor durante Trayecto Dignidad 5, 2019

Apenas dos años después de aprobarse la Ley 54 sobre violencia doméstica, llegó a las oficinas del Instituto Puertorriqueño de Derechos Civiles una mujer de mirada cansada, pero con una dignidad que el dolor no había logrado quebrar. Se llamaba Flor María Soto.

Flor María había sido víctima de maltrato físico y emocional por parte de su esposo durante más de una década. Era el segundo matrimonio de él, y al igual que en el anterior, repitió el mismo ciclo de violencia: golpes, encierros y humillaciones contra toda su familia. Rafi —así se llamaba— acostumbraba a encerrar a su esposa y a sus hijos en un cuarto, dejándolos incomunicados por horas, a veces por días. La casa era su cárcel, y el miedo, su carcelero.

Pero aquella mañana, algo dentro de Flor María se quebró, o quizás se encendió. Con una determinación nacida del instinto más puro —el de proteger a sus hijos—, tomó la decisión de escapar. Buscó refugio en casa de su madre, quien, entre lágrimas, le aconsejó presentar una querella en el cuartel

---

[134] *La Tinta*, "Rita Segato: Las mujeres vivimos en un estado de sitio", disponible en: https://latinta.com.ar/2017/05/09/rita-segato-las-mujeres-vivimos-en-un-estado-de-sitio/

de la Policía de Río Grande. "El abuso debe acabar", le dijo. "Tú, hija, no puedes ser una víctima más".

Flor obedeció, aunque con el corazón en guerra consigo misma. En el cuartel, los agentes Flores y Carrasquillo la recibieron con una mezcla de desconcierto y complicidad. Reconocieron de inmediato el nombre de su agresor: Rafi, su amigo, el que les hacía los trabajos de jardinería en el mismo cuartel. "¿Está segura de que quiere presentar una querella?", le preguntó uno. "¿Qué tal si mejor regresa a su casa y arreglan sus problemas?".

Flor María insistió. Mostró los moretones, las heridas, las huellas del suplicio. Tenía las pruebas y el valor, pero no la justicia. A pesar de todo, los agentes no arrestaron al agresor. Peor aún, uno de ellos avisó a Rafi que Flor lo había denunciado y le reveló dónde se escondía. Rafi apareció en la casa de la madre de Flor con la calma de quien oculta la tormenta. Dijo que solo quería llevarse a los niños "por el fin de semana". Ella, temerosa ante sus amenazas, los dejó ir. No sabía que los estaba despidiendo para siempre.

Cuando días después regresó a buscarlos, escuchó los gritos desgarradores de sus hijos desde el interior de la casa.

—¡Mami, no te acerques! —le suplicaba la voz de su hija, temblorosa.

El primer disparo fue seco, definitivo. Le atravesó la frente a Chayanne, el más pequeño, de apenas tres años. El segundo terminó la vida de Sally, su hija de ocho, mientras imploraba por su madre. El tercer disparo se lo dirigió el propio agresor contra sí mismo, dejando en total silencio aquella casa.

En la pared, la policía halló una frase escrita con rabia antes del suicidio: "La Ley 54 solo sirve para meter presos a los hombres. Me lo dijo el agente Flores".

No existen palabras capaces de contener el dolor de una madre que ha perdido a sus hijos en un acto de tal crueldad.

Para el año 1991 trabajaba en el Instituto Puertorriqueño de Derechos Civiles. Participaba en la litigación contra prácticas inconstitucionales de persecución política, pero el caso que más me impactó fue el de Flor María. Junto a la licenciada Janice Gutiérrez, el licenciado Gary Broyda y más tarde Enrique Colón, emprendimos una batalla legal contra la impunidad policial y la negligencia del Estado. [135]

---

[135] *Soto v. Carrasquillo*, 878 F. Supp. 324 (D.P.R. 1995).

Entre los documentos obtenidos en el descubrimiento de prueba se hallaban unas cartas escritas por una hija de Rafi de un matrimonio anterior. En ellas la joven relataba el infierno vivido junto a su madre, también víctima de aquel hombre violento. Le suplicaba a su padre que no repitiera la historia, que no hiciera daño a Flor ni a sus nuevos hermanitos. Pedía clemencia con la voz limpia de una niña que había conocido demasiado pronto el miedo.

A pesar del horror vivido, aquella hija perdonaba a su padre. En sus palabras había una ternura que desarmaba: se refería a Chayanne y a Sally con un amor tan puro que era imposible no llorar al leerla. Santos solía repetir que "los hombres no lloran", pero mi madre me enseñó que esa era una mentira que mutilaba el alma. Cuando terminé de leer la carta, lloré.

El tribunal federal desestimó nuestra demanda al acoger el argumento de inmunidad cualificada a favor de los policías. Apelamos ante el Primer Circuito, pero el tribunal confirmó la decisión. Fue un golpe duro, una derrota jurídica, aunque no moral. Con el tiempo, un nuevo caso ante el tribunal superior de Puerto Rico culminó en una transacción judicial: el gobierno aceptó otorgar una compensación económica a Flor María. Sin embargo, ninguna suma de dinero podía compensar la pérdida de Sally y Chayanne.

Pero Flor sobrevivió. Se levantó. Terminó sus estudios en justicia criminal y dedicó el resto de su vida a ayudar a otras mujeres, para que ninguna tuviera que pasar por lo que ella vivió.

El mandato de ser hombre

La antropóloga argentina Rita Segato habla del "mandato de masculinidad": ese conjunto de imperativos que dicta cómo debe comportarse un hombre para ser considerado tal, desde la infancia hasta la muerte. Se aprende en casa, en la escuela, en la iglesia, en la televisión. Se absorbe en los chistes, en las canciones, en los silencios. Es la pedagogía invisible del poder. [136]

En sus investigaciones con reclusos condenados por violación, Segato encontró que muchos de ellos no se veían a sí mismos como criminales. Creían haber actuado como "hombres", corrigiendo a una mujer que —según su

[136] "Mandato de masculinidad", Centro de Investigaciones y Estudios de Género, UNAM, disponible en:https://cinig.dgb.unam.mx/index.php/bibliotecas-unam-con-perspectiva-de-genero/glosario/208-mandato-de-masculinidad

lógica— se había salido de su lugar. En ese imaginario, la violencia no aparece como delito, sino como castigo o restauración de un orden que consideran natural.

El caso de Flor María revela cómo ese mandato de masculinidad no opera solo en la mente del agresor, sino también en las instituciones que lo rodean. Cuando la policía desestima una querella, cuando un juez minimiza el peligro o cuando el Estado no protege a una víctima, el sistema entero termina reproduciendo la misma lógica de dominación. [137]

Hoy, décadas después, el eco de la historia de Flor María aún resuena. Las estadísticas cambian, pero el patrón persiste. Y en cada mujer que denuncia sin ser escuchada, en cada niño y niña que aprende el miedo antes que la ternura, la sociedad repite el crimen.

---

[137] Díaz Tirado, A. (2021). *Aumenta sufrimiento de familia de Andrea por rechazo de Tribunales a tomar acciones disciplinarias.* Todas: Periodismo Feminista. https://www.todaspr.com/aumenta-sufrimiento-de-familia-de-andrea-por-rechazo-de-tribunales-a-tomar-acciones-disciplinarias/

46
El silencio de los números

Los números estremecen, pero también anestesian. Cada cifra es un cuerpo sin nombre, una historia que el sistema prefiere olvidar. Las estadísticas sobre violencia patriarcal son un espejo de nuestra incapacidad colectiva para amar sin dominar. El problema no es solo que existan hombres violentos, sino que también persistan instituciones indiferentes, políticas públicas sin alma y una cultura que normaliza el dolor como si fuera destino.

Las cifras cambian, los informes se actualizan, pero la raíz permanece intacta. El patriarcado no solo golpea: también administra, legisla y calla. Hasta que comprendamos que cada número encierra una vida arrancada, un sueño interrumpido y una familia que aún espera justicia, las estadísticas seguirán creciendo, impasibles, como lápidas en un cementerio sin cruces.

Escala mundial de la violencia contra las mujeres

Se estima que, en todo el mundo, 736 millones de mujeres —casi una de cada tres— han sufrido violencia física o sexual al menos una vez en su vida, ya sea por parte de su pareja o de otros agresores.[138] Estas cifras ni siquiera incluyen el acoso sexual. Entre las mujeres que han experimentado violencia se registran mayores tasas de depresión, ansiedad, embarazos no deseados, infecciones de transmisión sexual y VIH, así como múltiples problemas de salud física y mental que pueden persistir incluso después de que la violencia cesa.

Violencia en la pareja

La mayoría de los actos de violencia contra las mujeres ocurren dentro del ámbito íntimo. Más de 640 millones de mujeres de 15 años o más

---

[138] ONU Mujeres. (s.f.). *Datos y cifras: Violencia contra las mujeres.* https://www.unwomen.org/es/articulos/datos-y-cifras/datos-y-cifras-violencia-contra-las-mujeres

—aproximadamente el 26%— han sido víctimas de violencia por parte de su pareja actual o anterior.[139] Lo que para muchas sociedades sigue considerándose un asunto "privado" constituye, en realidad, una de las violaciones de derechos humanos más extendidas del planeta.

Cada vez que escucho esa cifra pienso en mami caminando sin rumbo en el invierno de Brooklyn, apretando mi mano en silencio. Pienso en Catalina Rivera, en Flor María Soto, en Andrea Ruiz Costas y en todas las mujeres que aprendieron a sobrevivir dentro de sus propias casas.

Homicidios por razón de género

Aunque el número total de homicidios a nivel mundial ha comenzado a disminuir desde 2022, los asesinatos de mujeres continúan en aumento. En 2023, aproximadamente 51.100 mujeres y niñas fueron asesinadas por sus parejas u otros familiares — en promedio, 140 mujeres o niñas cada día. [140]

Mientras que el 60% de los homicidios de mujeres ocurren en la esfera privada, solo alrededor del 12% de los homicidios de hombres se producen en ese mismo ámbito. La casa, que debería ser refugio, se convierte demasiadas veces en escenario de violencia.

Feminicidios en Puerto Rico

En Puerto Rico, la magnitud del problema también es alarmante. En 2023, seis de cada diez homicidios de mujeres fueron feminicidios. [141] El término feminicidio se refiere a la muerte violenta de mujeres cuya causa principal radica en relaciones desiguales de poder por razones de género, ya sea dentro de la familia, en relaciones de pareja o en la comunidad, e incluso cuando esa violencia es tolerada o ignorada por el propio Estado y sus agentes, por acción u omisión.

El informe del Mapa Latinoamericano de Feminicidios de 2024 posicionó a Puerto Rico como el segundo país con la tasa más alta de

---

139 American Academy of Pediatrics. (s.f.). *The association of race, ethnicity, and poverty with child maltreatment reporting*. Pediatrics.
https://www.aap.org/

140 *INFORME MLF 2024-1* [Documento]. (s.f.). Scribd.
https://www.scribd.com/document/884045795/INFORME-MLF-2024-1#from_embed

141 Instituto de Estadísticas de Puerto Rico. (s.f.). *Media 3650* [Recurso digital].
https://estadisticas.pr/en/media/3650

feminicidios en América Latina y el Caribe por cada 100.000 habitantes. [142] El Observatorio de Equidad de Género advirtió además que junio de 2025 fue el mes más letal para las mujeres en Puerto Rico: en solo treinta días, doce mujeres fueron víctimas de feminicidio directo o indirecto.[143]

Infancia y violencia estructural

La violencia patriarcal también alcanza a la niñez. Según UNICEF, más de 370 millones de niñas y mujeres — una de cada diez — han sufrido violación o abuso sexual antes de los 18 años. [144] A nivel mundial, cerca de 400 millones de niños y niñas menores de cinco años sufren maltrato psicológico o castigo corporal, y aproximadamente 330 millones son castigados mediante violencia física. [145] En Puerto Rico, más de 10.000 menores fueron víctimas de maltrato en 2024, y las niñas enfrentan una incidencia mucho mayor de abuso sexual: el 81.6% de los casos reportados.[146]

Cuando leo esas cifras sobre la infancia pienso en Chayanne, de tres años, y en Sally, de ocho. Pienso en el niño que se arropaba de pies a cabeza rezando el ángel de la guarda. Cada uno de esos números tuvo una voz, un nombre, un miedo específico.[147]

El Centro para el Control y Prevención de Enfermedades estima que el costo económico del abuso infantil supera los 592 mil millones de dólares, comparable con las enfermedades más letales como la diabetes o las cardíacas. [148]

---

142 Delpín, F. (2025, julio 7). *Puerto Rico ocupa el segundo lugar en feminicidios per cápita en América Latina.* Metro Puerto Rico.https://www.metro.pr/noticias/2025/07/07/puerto-rico-ocupa-el-segundo-lugar-en-feminicidios-per-capita-en-america-latina/

143 https://observatoriopr.org/reportajes-y-estudios-periodisticos/

144 UNICEF Perú. (s.f.). *Más de 370 millones de niñas y mujeres en todo el mundo se vensometidas*...https://www.unicef.org/peru/comunicados-prensa/mas-370-millones-ninas-mujeres-en-todo-mundo-se-ven-sometidas

145 Notiséis 360. (2025, abril 4). *Cerca de 400 millones de niños y niñas pequeños en el mundo sufren disciplina violenta en sus hogares, según UNICEF.* WIPR.
https://wipr.pr/10491-casos-en-2024-proponen-estrategias-para-prevencion-del-maltrato-infantil-en-puerto-rico/

146 Instituto de Estadísticas de Puerto Rico. (s.f.). *Media 3526* [Recurso digital].
https://estadisticas.pr/en/media/3526

147 American Academy of Pediatrics. (s.f.). *The association of race, ethnicity, and poverty with child maltreatment reporting*. Pediatrics.
https://www.aap.org/

148 Mandated Reporter. (2022). *The state of child abuse in 2022.*
https://mandatedreporter.com/blog/the-state-of-child-abuse-in-2022/

Alcoholismo y violencia patriarcal

El consumo problemático de alcohol es un factor agravante importante en la violencia doméstica.[149] Según el Instituto Nacional sobre Abuso de Alcohol y Alcoholismo, entre el 25% y el 50% de los incidentes de violencia en el hogar involucran consumo de alcohol.[150] Un estudio publicado en *The Lancet* reveló que el alcohol es casi tres veces más dañino que la heroína y el crack, considerando el perjuicio global a la sociedad.[151]

Santos bebía ron Don Q. Eddie bebía lo que encontrara. Julito chocaba el auto de regreso a casa. El alcohol no explica la violencia, pero la lubrica, la acelera y la multiplica. [152]

El mensaje del secretario general

En marzo de 2024, el Secretario General de las Naciones Unidas, António Gutiérrez, advirtió que el patriarcado está lejos de desaparecer:

> "El patriarcado está lejos de estar vencido; está recuperando terreno. Las mujeres y las niñas también se enfrentan a una guerra por sus derechos fundamentales en sus hogares y comunidades. Autócratas y populistas están promoviendo lo que llaman 'valores tradicionales' para atacar los derechos sexuales y reproductivos de las mujeres. No podemos aceptar un mundo en el que las abuelas temen que sus nietas disfruten de menos derechos que los que ellas tenían. [...] Cuando los sistemas tecnológicos son diseñados por hombres, dan como resultado algoritmos sesgados que ignoran las necesidades y los

---

149 Medicina y Salud Pública. (s.f.). *Exceso de alcohol: un problema de salud pública en Puerto Rico y América Latina.*
https://www.medicinaysaludpublica.com
150 Brighter Day Mental Health. (s.f.). *Alcohol and domestic violence.*
https://www.brighterdaymh.com/blog/alcohol-and-domestic-violence
151 Drugs.ie. (s.f.). *Alcohol more dangerous than cocaine or heroin.*
https://www.drugs.ie/news/article/alcohol_more_dangerous_than_cocaine_or_heroin
152 National Center for Biotechnology Information. (2022). *Alcohol has been associated with psychiatric disorders, mood and intermittent explosive disorders.*
https://www.ncbi.nlm.nih.gov/pmc/articles/PMC8729263/

cuerpos de las mujeres".[153]

Reflexión final

En cada número hay un nombre que el sistema olvidó: una niña silenciada, un niño que aprendió a experimentar el miedo antes que la ternura. El patriarcado no solo destruye cuerpos de mujeres, también envenena la infancia, inoculando el dolor como herencia. Así crecen los hijos del miedo, los que confunden amor con poder, silencio con obediencia.

Las cifras lo cuentan todo y, a la vez, no dicen nada. Detrás de cada porcentaje hay una cuna vacía, una risa que no volvió a escucharse.

[153] https://news.un.org/es/story/2024/03/1528277

47
"!Compra, Escanea, Paga y Listo.!"

Foto tomada por autor en Walmart

Santos y Proby solían hacer sus compras en un pequeño supermercado tipo *cash and carry* en la esquina de la avenida Barbosa con la calle Mayagüez. A esas alturas, ya todos los cajeros los conocían. Santos tenía siempre un comentario ingenioso que arrancaba risas, y Proby, con su carisma natural, contagiaba de alegría a quien se cruzara en su camino.

Yo los acompañé en más de una ocasión y comprendí que aquel ritual cotidiano era, para ellos, una celebración de la vida sencilla: conversar con los cajeros, reírse del calor, comentar el precio de los tomates. Proby solía decirle al gerente, con su inglés chispeante: "*I like this cashier; he should get a raise, with that smile.*" Eran tiempos en que la sonrisa todavía abundaba.

En 1992, el primer Walmart abrió sus puertas en Fajardo. Recuerdo cuando Santos, con su tono optimista, comentó al ver la noticia en televisión:
—Ese Walmart parece que va a traer muchos trabajos a Puerto Rico.
Y Proby, entusiasmada, respondió:

—Johnny, it's going to be a huge progreso for Puerto Rico with Walmart here.

Nadie podía imaginar entonces que esa promesa de progreso traería consigo la extinción de los pequeños colmados familiares, el silencio de quienes conocían tu nombre tras la caja y la sonrisa amable de quienes te deseaban "buen día" sin esperar que lo hicieras tú primero. Walmart llegó como un huracán silencioso —y en Puerto Rico esa metáfora no es inocente— barriendo la economía local y arrasando con la dignidad laboral bajo el disfraz de desarrollo.

Con el tiempo, el gigante de los precios bajos se convertiría en el mayor empleador privado de la isla. Pero detrás de cada anuncio de "oportunidades de empleo" se escondía la precariedad: contratos a tiempo parcial, salarios miserables, beneficios recortados y trabajadores reemplazados por máquinas.

En 2001, Walmart enfrentó en California la demanda colectiva más grande por discriminación de género en la historia de Estados Unidos.[154] Más de 1.6 millones de mujeres denunciaron haber sido discriminadas en relación con los ascensos y los salarios. Los tribunales inferiores certificaron el pleito de clase, pero la Corte Suprema revocó esa decisión.[155] Así, una vez más, la justicia se inclinó ante el dinero, y un millón de mujeres quedaron sin voz.

Hoy, Walmart ya no necesita despedir para oprimir — basta con reemplazar. En 2019, lanzó su campaña publicitaria en Puerto Rico con el lema triunfante: *"¡Compra, Escanea, paga y listo!"*. Y así comenzó la era del *auto-checkout*. Cada día hay menos cajeros humanos y más pantallas frías. Nos dicen que es progreso, pero en realidad nos han convertido en trabajadores no remunerados de las corporaciones. Somos nosotros quienes escaneamos, embolsamos y pagamos, agradecidos de hacerlo por "ahorrar tiempo".

Durante la gobernación de Sila Calderón, su secretario del Trabajo, Frank Zorrilla, advirtió sobre el daño que causaban las megatiendas como Walmart y Sam's Club: empleos temporeros, salarios bajos, ausencia de planes

---

[154] U.S. District Court for the Northern District of California. (2001). *Dukes v. Wal-Mart Stores, Inc.*, No. 3:01-cv-02252.

[155] *Wal-Mart Stores, Inc. v. Dukes*, 564 U.S. 338 (2011). Véase además: Levin, S. (2019, February 18). *Walmart facing gender discrimination lawsuits from female employees*. The Guardian. https://www.theguardian.com/us-news/2019/feb/18/walmart-gender-discrimination-supreme-court

médicos y de retiro. La denuncia le costó el cargo.[156] En la colonia, la verdad se paga cara.

Mientras los gobernadores de turno celebran cada nueva sucursal como un triunfo, la pobreza sigue galopando. Antes de los huracanes Irma y María en 2017, el 44.3% de la población vivía bajo el nivel de pobreza; después de María, la cifra superó el 52%.[157] En 2018, Puerto Rico duplicaba la tasa de pobreza del estado más pobre de los Estados Unidos y encabezaba la lista mundial de desigualdad familiar según el Banco Mundial.[158] El progreso prometido por Walmart resultó ser un espejismo de neón.[159]

Ese mismo año, el relator de las Naciones Unidas sobre pobreza extrema, Philip Alston, visitó la isla y se reunió con la directora de la Junta de Control Fiscal, impuesta por el Congreso estadounidense, quien percibía un salario de 625.000 dólares anuales, más beneficios médicos y pensión.[160] Tras la reunión, el relator expresó su preocupación: la Junta, dijo, no mostraba interés alguno por la protección social ni por los derechos humanos.[161]

Pero quizás lo que Alston no entendió es que la Junta también padecía del mismo virus que Walmart: el virus del *auto-checkout*. La enfermedad del imperio capitalista moderno que ha reducido la existencia a una transacción,

---

156 El Nuevo Día. (2023). *Frank Zorrilla, exsecretario del Trabajo, dice en nuevo libro que fue objeto de "despido constructivo" por parte de Sila María Calderón.* https://www.elnuevodia.com/noticias/locales/notas/frank-zorrilla-exsecretario-del-trabajo-dice-en-nuevo-libro-que-fue-objeto-de-despido-constructivo-por-parte-de-sila-maria-calderon/

157 ReliefWeb. (s.f.). *Pobreza en Puerto Rico aumenta 523 por ciento tras huracán.* https://reliefweb.int/report/puerto-rico-united-states-america/pobreza-en-puerto-rico-aumenta-523-por-ciento-tras-huracan

158 El Nuevo Día. (s.f.). *Puerto Rico es el tercer país de mayor desigualdad económica en el mundo.* https://www.elnuevodia.com/negocios/economia/notas/puerto-rico-es-el-tercer-pais-de-mayor-desigualdad-economica-en-el-mundo/

159 Si Puerto Rico fuese un estado de la nación norteamericana, hoy, en el 2025, sería el estado más pobre de los Estados Unidos. Puerto Rico Report. (2025, June). *How Mississippi is catching up and Puerto Rico is not.* https://puertoricoreport.com/how-mississippi-is-catching-up-and-puerto-rico-is-not/

160 ¿Quién es Natalie Jaresko? Por Jose A Delgado, El Nuevo Dia; https://www.elnuevodia.com/noticias/politica/notas/quien-es-natalie-jaresko/?templateId=OT3HWJU9FRSI&templateVariantId=OTB2HAZL1TSY&experienceID=EXRSL2YIUINN

161 Office of the United Nations High Commissioner for Human Rights. (2017, December). *Statement on visit to the USA by Professor Philip Alston, United Nations Special Rapporteur on extreme poverty and human rights.*https://www.ohchr.org/es/statements/2017/12/statement-visit-usa-professor-philip-alston-united-nations-special-rapporteur

que elimina intermediarios humanos y hace el trabajo sucio de forma automática, sin rostro y sin nombre.

No hay metáfora más cruel del capitalismo contemporáneo. Nos venden la automatización como progreso, pero lo que realmente han hecho es darle la vuelta a la caja registradora y hacernos trabajar gratis. Cada vez que escaneamos un código, validamos un sistema que sustituye humanidad por eficiencia, comunidad por conveniencia.

"Compra, escanea, paga y listo." La consigna no solo es el eslogan de una tienda, es la oración del nuevo credo económico.

48
El último adiós de Santos y Proby

Foto de Proby

Con los años, la salud de Proby comenzó a apagarse lentamente, como una vela que se resiste a rendirse ante la oscuridad. Santos, que envejecía a su lado con la testarudez de los que aman sin saber decirlo, decidió colocar un colchón en el primer piso para no seguir cargándola escaleras arriba. Le dolía el cuerpo, pero más le dolía verla perder la fuerza. En más de una ocasión tuvo que bañarla, porque el cuerpo de Proby ya no obedecía. Sin embargo, jamás la escuché quejarse. Tampoco a él. Era como si ambos hubiesen pactado un silencio de amor cansado.

El día llegó en que Santos tuvo que aceptar lo inevitable: Proby ya no podía quedarse con él. Fue mi hermana María quien le recomendó un hogar de cuidado en Toa Alta, un lugar tranquilo donde atendían a personas mayores con discapacidades físicas o mentales. Allí, entre paredes limpias y rutinas médicas, pasaría los últimos años de su vida.

Para Santos, verla marcharse fue como quedarse sin sombra. Sentía que, por primera vez, la soledad lo había alcanzado del todo. Decía que extrañaba hasta las discusiones con Proby, sus bromas, su manera de decirle las verdades sin rodeos. "Ella me entendía", decía. "Me aguantaba, me escuchaba, no me juzgaba". Quizás también lo carcomía la culpa: recordaba las veces que la había celado, las amenazas dichas entre tragos, los encierros de ira que confundió con amor… Proby me había confesado algunos de esos episodios, y yo, con más rabia que prudencia, llegué a advertirle a Santos que si seguía tratándola mal, un día se quedaría solo para siempre.

Cuando Proby fue internada, comencé a notar en Santos una tristeza que le marchitaba la voz. Iba a visitarla, pero salía más viejo de lo que había entrado. María había escogido aquel hogar también porque allí estaba papi, recluido por su salud. Era extraño ir a visitar a ambos, dos figuras centrales de nuestras vidas, cada uno atrapado en su propio ocaso.

Recuerdo una de esas visitas. Santos se acercó a papi y le preguntó con respeto:

—¿Cómo te sientes, Julio?

Papi, con la mirada perdida, respondió:

—Bien, no me puedo quejar. Aquí me dan comida y me tratan bien.

No estoy seguro de que lo reconociera. Quizás sí, quizás no. Al despedirme, como siempre, le pedí la bendición y le di un beso en la mejilla. Sentí, otra vez, esa distancia que siempre existió entre nosotros, una relación fría que intenté llenar con la presencia de Santos y Julito, quienes ocuparon, sin saberlo, el espacio vacío de una figura paterna ausente.

Cuando llegó la noticia de la muerte de Proby, Santos sintió una ráfaga helada atravesarle el pecho. "Los machos no lloran", le había enseñado su padre, el viejo Cico, pero aquella noche el alma no le obedeció. Recordó sus errores, sus ausencias, las veces que lastimó a quienes más lo amaban. Tal vez pensó que ese dolor era una forma de castigo.

"Solos nacemos y solos morimos", me dijo una vez. Y esa frase, que parecía una sentencia, fue su manera de aceptar que la soledad lo había alcanzado definitivamente.

El día del velorio, en la funeraria Escardille de Río Piedras, Santos eligió un féretro color perla. La capilla estaba casi vacía, fría como un refrigerador de almas. Apenas tres personas acompañaron aquella despedida. Santos, de pie frente al cuerpo inmóvil de Proby, la miraba con ternura y espanto.

"Sí… Parece que está dormida… dormida", susurraba mientras besaba sus labios fríos una y otra vez. Intenté separarlo, pero su dolor era más fuerte que cualquier palabra. Al día siguiente, la acompañamos al cementerio del Viejo San Juan, donde descansaría en su panteón. Allí, entre las tumbas antiguas, de héroes y patriotas, y el murmullo del mar, Santos le dijo su último adiós.

Pocos días después desarrolló una infección en los labios, consecuencia de aquellos besos finales. Cuando lo regañé, me respondió con su típica mezcla de humor y resignación: "Eso no es ná', mijo… Ya se me curará".

Pero no se curó del todo. Cada día que pasaba era una carga más pesada. Se refugió en sus botellas, como quien busca en el fondo del vaso una respuesta que nunca llega. Me asombraba su resistencia, a los ochenta y cuatro años bebía como si el alcohol fuera su oxígeno. Su cuerpo era fuerte, pero su alma estaba hecha trizas.

A veces, cuando lo encontraba borracho, discutíamos. Le pedía que parara, que se cuidara, que no quería que mis hijos lo vieran así. Le vertí botellas enteras por el lavamanos, furioso, desesperado. Luego me arrepentí. Nunca tuve oportunidad de pedirle perdón. Aquella tarde me despedí diciéndole que no volvería, me sentía incapaz de seguir viendo cómo se destruía a sí mismo.

Hoy, cuando pienso en él, me pregunto si la soledad de Santos era solo suya o si, en realidad, era el reflejo de tantos hombres criados bajo el yugo del patriarcado. Hombres a quienes se les enseña a callar, a beber sus penas, a no llorar, a no amar. A golpear antes que hablar. A dominar antes que comprender.

El patriarcado les roba el alma a los hombres y el cuerpo a las mujeres. Les enseña que el amor es poder, que la ternura es debilidad y que el alcohol y la violencia son fuerza. Pero cuando todo eso se derrumba, solo queda lo que quedó en Santos: ira, vacío y una soledad que no perdona.

49
Santos y el eco de los silencios

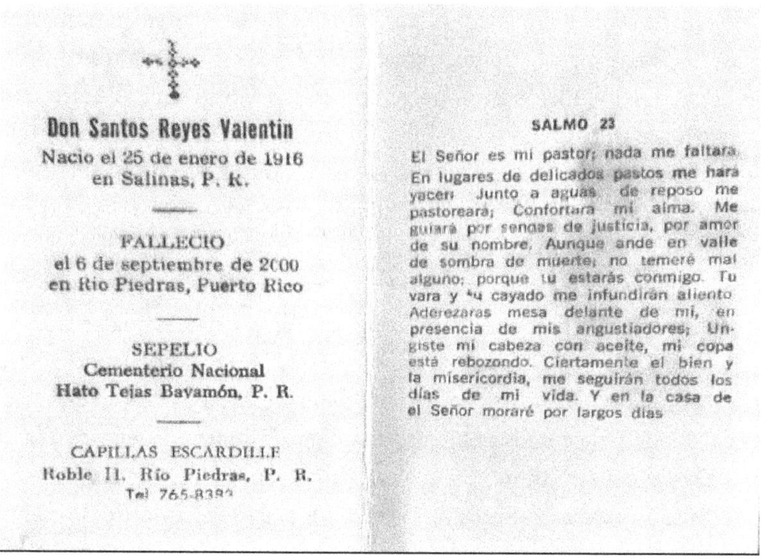

Don Santos Reyes Valentin
Nacio el 25 de enero de 1916
en Salinas, P. R.

FALLECIO
el 6 de septiembre de 2000
en Rio Piedras, Puerto Rico

SEPELIO
Cementerio Nacional
Hato Tejas Bayamón, P. R.

CAPILLAS ESCARDILLE
Roble 11. Río Piedras, P. R.
Tel 765-8393

SALMO 23

El Señor es mi pastor; nada me faltara. En lugares de delicados pastos me hara yacer. Junto a aguas de reposo me pastoreara; Confortara mi alma. Me guiará por sendas de justicia, por amor de su nombre. Aunque ande en valle de sombra de muerte, no temeré mal alguno; porque tu estarás conmigo. Tu vara y tu cayado me infundirán aliento. Aderezaras mesa delante de mi, en presencia de mis angustiadores; Ungiste mi cabeza con aceite, mi copa está rebozondo. Ciertamente el bien y la misericordia, me seguirán todos los días de mi vida. Y en la casa de el Señor moraré por largos dias

Tarjeta de oracion de funeral

Pasaron algunas semanas antes de que me enterara por mi hermana María de que Santos estaba recluido en el hospital de Veteranos. Ella me contó que su salud había empeorado. Le confesé que habíamos discutido hacía poco y que no había vuelto a visitarlo. María me insistió en que fuera, en que no dejara pasar más tiempo. Me prometí a mí mismo ir el fin de semana, pero el miércoles de esa semana —una noche que aún puedo escuchar en mi memoria— sonó el teléfono.

La voz al otro lado era serena, distante, de hospital. Me informaron que Santos había fallecido y que debía presentarme para identificar su cuerpo. Pregunté cómo habían conseguido mi número. La enfermera me respondió que él lo había dejado al ingresar, anotando al lado: "número de mi hijo".

Cuando colgué, Irma me miró. Sin decir nada, leyó la noticia en mi rostro. "¿Qué pasó?", preguntó con voz temblorosa.

No quise que me acompañara. Sentía que debía enfrentar esa despedida solo. En el hospital, el olor a desinfectante y soledad llenaba el aire. En recepción me pidieron que esperara. Poco después, vi a dos enfermeros empujando una camilla con un cuerpo cubierto con una sábana blanca. Al dar mi nombre, uno de ellos retiró la tela que cubría el rostro. Reconocí a Santos, su piel aún tibia, su expresión serena, como si el cuerpo recién hubiese comprendido el descanso.

—¿Me permiten un momento — alcancé a decir, con la voz hecha trizas.

Me dejaron solo. Toqué la sábana y sobre ella se derramaron mis lágrimas. "Los hombres sí lloran, carajo", me dije, casi en un susurro.

Lo perdoné por los malos momentos, por las palabras dichas entre tragos y por los silencios que dolían más que los gritos. También le pedí perdón por no haber regresado, por no haberle dicho cuánto lo quise, por no haber aprendido a abrazarlo sin miedo. Salí del hospital con el pecho oprimido y el llanto me acompañó todo el camino a casa.

Santos murió en el año 2000. Su certificado de defunción repetía, palabra por palabra, el mismo diagnóstico que años antes había sellado la vida de su hijo Eddie: *"chronic ethanolism; cirrhosis of liver"*. El mismo alcohol, el mismo silencio institucional, la misma incapacidad del papel para decir lo esencial: que murió de soledad, de culpas antiguas, de un amor nunca resuelto con la vida.

Desde niño, Santos había venerado a su padre, Don Cico, aunque también fue su primera víctima. A los seis años, tras llegar tarde de jugar en el campo, su padre lo amarró a un árbol y le propinó correazos hasta abrirle la piel. También fue él quien le enseñó a beber, diciéndole: "Los machos beben". En su casa, Santos aprendió que la obediencia era virtud y que la sumisión de su madre — con la cabeza siempre gacha y el miedo en los ojos — era el modo natural del amor.

Como tantos niños, idealizó a sus padres, sin comprender que sus dioses eran de barro. El abuso y el maltrato se transformaron en vergüenza, en una voz interna que repetía que merecía cada castigo. Esa herida lo acompañaría toda la vida, marcando cada una de sus relaciones.

Santos nunca cuestionó los mandatos de masculinidad que le enseñó su padre ni las estructuras que lo formaron. Fue un *yes man* —un hombre de obediencias— fiel a los patrones del patriarcado: sumiso ante la autoridad, incapaz de rebelarse ante la injusticia. En su infancia, la escuela, la iglesia y los medios le inculcaron una pedagogía venenosa: los niños no lloran, los hombres mandan y beben, las mujeres obedecen, el poder se demuestra con control. Esa fue la semilla de su tragedia.

Y así, confundiendo amor con posesión, con la bebida como símbolo de masculinidad y refugio, vivió relaciones marcadas por el conflicto y la soledad. Nunca aprendió a amar libremente ni a recibir el amor sin culpa. El patriarcado le robó el alma y le enseñó a temer a la ternura.[162]

Y así morimos muchos: antes de tiempo, solos, enfermos, tristes. La mayoría de los crímenes violentos son cometidos por hombres; también predominamos en las estadísticas de suicidio y en las muertes relacionadas con alcohol, drogas o guerras.[163] No es la biología lo que nos mata, sino el modelo cultural de masculinidad que nos enseñaron a imitar.[164]

Con mi hermana María organizamos el velorio en la misma Funeraria Escardille donde velamos a Proby. Yo escogí el féretro, uno color gris plateado, sobrio, digno. Mientras firmaba los papeles, escuché en mi mente su voz, repitiendo sus frases favoritas:

"Llegamos a este mundo solos y nos vamos solitos." "Los machos no lloran." "Encabulla y vuelve y tira que te salió batata." "Si yo me muero, ¿quién te besa?"

Lo enterramos en el cementerio nacional de Bayamón. Allí, como a todo veterano, le rindieron honores militares y me entregaron la bandera doblada en triángulo perfecto. La sostuve entre mis manos y sentí una ironía amarga: aquel símbolo del imperio bajo el cual sirvió y que nunca lo salvó de sí mismo. Pensé en la canción *Dos Banderas* de Daniel Santos, una de sus favoritas, y supe exactamente dónde terminaría esa bandera.

Su muerte me dolió más que la de mi propio padre. Entre Santos y yo había algo más que afecto: una complicidad, una humanidad compartida en el dolor. A veces, borracho, me decía que yo era su hijo. Y aunque mi madre lo negó siempre, confieso que una parte de mí deseó que fuera verdad. Porque él me quiso a su manera, con torpeza, con silencios, pero me quiso querer.

Luego de su muerte debía regresar a mi rutina diaria. Una hija de Proby posteriormente haría las gestiones a través de sus abogados para entregarme, supuestamente, la única pertenencia de Santos: un cuadro de cuando era soldado durante la Segunda Guerra Mundial.

---

[162] Véase, Bradshaw, J. (1996). *Bradshaw on the family: A new way of creating solid self-esteem.* Health Communications. (Trabajo original publicado en 1988).

[163] Warraich, H. J., & Califf, R. (2017, June 26). *Men still die before women. Is toxic masculinity to blame? The Guardian.* https://www.theguardian.com/commentisfree/2017/jun/26/men-die-before-women-toxic-masculinity-blame

[164] Next Gen Men. (2021). *Why patriarchy hurts men too.* https://www.nextgenmen.ca/blog/why-patriarchy-hurts-men-too

Sabía que Santos guardaba otras cosas suyas en aquella casa donde vivió con Proby: una colección de monedas, el medallón del Sagrado Corazón de Jesús y quizás las cartas que mami le había escrito mientras estuvo en Estados Unidos. Nunca llegué a procurar ninguna de aquellas cosas porque sentía que debía cerrar ese capítulo de mi vida y porque el perdón no se encuentra en los objetos, sino en la paz que, algún día, uno aprende a darse a sí mismo.

Cuadro de Santos como soldado durante Segunda Guerra Mundial

50
El amor que permanece

Ada Luna Cartagena

Nació
1 de mayo de 1919

Falleció
12 de agosto de 2007

Barranquilla Memorial Funeral Home

Jehová es mi pastor; nada me faltará.
En lugares de delicados pastos me hará yacer. Junto a aguas de reposo me pastoreará. Confortará mi alma.
Me guiará por sendas de justicia, por amor de su nombre.
Aunque ande en valle de sombras de muerte, no temeré mal alguno, porqu tú estás conmigo. Tu vara y tu cayado, me infundirán aliento.
Aderezas mesa delante de mi, en presencia de mis angustiadores.
Ungiste mi cabeza con aceite; mi copa está rebosando.
Ciertamente el bien y la misericordia, me seguirán todos los días de mi vida.
Y en la casa de Jehová moraré por largos días.

Salmo 23

Foto de tarjeta de oracion de funeral

La última vez que la vi con lucidez, mami me miró de esa manera suya —directa, sin rodeos, con toda la vida acumulada en los ojos— y me dijo que estaba bien, que no me preocupara. Era su forma de siempre: protegerme hasta el final.

Falleció el 12 de agosto de 2007. Tenía ochenta y ocho años y había vivido más de lo que cualquier sistema le había prometido.

Su vida no fue fácil. Nunca encontró el verdadero amor de pareja. O quizá sí, y la vida se lo negó, como ocurre con tantas personas atrapadas en una sociedad donde las relaciones afectivas suelen construirse sobre estructuras de poder, estatus y privilegio más que sobre la igualdad o la ternura.[165]

Muchas mujeres de su generación permanecieron en matrimonios disfuncionales, sostenidas por el deber, la fe y el miedo a la incertidumbre. A muchas, el patriarcado les enseñó que debían aguantar, que la promesa frente

---

[165]Divorce.com. (s. f.). *Causes of divorce.* https://divorce.com/blog/causes-of-divorce/

al altar —"hasta que la muerte nos separe"— tenía más peso que su propia felicidad.[166]

Mami nunca se divorció, aunque vivió separada de papi. Cuando finalmente entendió que el afecto no debía doler, se separó también de Santos y renunció a buscar pareja, refugiándose en nosotros, sus hijos e hijas. Decía que ya no tenía fuerzas para empezar de nuevo. Su razón de vida pasó a ser impulsarnos hacia adelante: que estudiáramos, trabajáramos y fuéramos personas de bien.

Aunque repitió algunos patrones del patriarcado —como dar más privilegios a los varones o usar el castigo físico ocasional— jamás cruzó la frontera de la humillación o el desprecio. Sus correcciones eran leves; sus palabras, firmes pero justas. Nos enseñó con el ejemplo la honestidad, la solidaridad y el amor al prójimo.

A veces olvidamos que las madres no son perfectas, que también se equivocan, aman con miedo o educan desde sus propias heridas. Mami no fue la excepción. El prejuicio racial la alcanzó cuando una de mis hermanas contrajo matrimonio con un hombre negro: se negó a asistir a la boda. Fue uno de los momentos más dolorosos de nuestra historia familiar, una contradicción difícil de entender en una mujer que había luchado toda su vida contra la injusticia. Con el tiempo, y con la honestidad que siempre la caracterizó, reconoció su error y pidió perdón a mi hermana. Hicieron las paces. Ese gesto —el de admitir que se había equivocado— también fue un acto de valentía.

No se llamaba feminista, pero vivía con la dignidad y el coraje de una mujer libre. No se dejó arrastrar por fanatismos ni por discursos religiosos anticiencia o antigénero. Era celosa de sus hijos, protectora hasta el exceso, pero respetaba nuestras decisiones. Nos enseñó a pensar, a dudar, a no aceptar la injusticia ni la autoridad ciega. Aunque se declaraba católica, prefería hablar con Dios a solas, sin intermediarios, sin templos.

Le apasionaba hablar de política, de historia, de metafísica. Disfrutaba los libros de Conny Méndez —escritora venezolana de espiritualidad que marcó a toda una generación de lectoras en el Caribe— y las canciones de Sylvia Rexach y Myrta Silva. En las noches conversábamos sobre la posibilidad de vida extraterrestre, y todavía recuerdo aquel objeto luminoso que vimos cruzar el cielo de Santurce en los años setenta. Nadie supo explicarlo. Mami lo

---

[166] United States Census Bureau. (2023, July). *Marriage and divorce rates.* https://www.census.gov/library/stories/2023/07/marriage-divorce-rates.html

registró con la misma naturalidad con la que acogía todo aquello que no cabía en las definiciones oficiales.

En sus últimos años abrazó el ideal de independencia para Puerto Rico. Participó en marchas, denunció injusticias y se sintió dichosa el día que pudo abrazar a la patriota Lolita Lebrón.

Fue madre, amiga y confidente. Mi primer y más importante vínculo afectivo. Y lo que me dio fue incondicional.

Cuando murió, no llegué a tiempo al hospital. Esa ausencia no fue solo un retraso: fue una herida que aún no sé nombrar.

Había estado presente en tantos momentos difíciles de otras personas, y sin embargo, por segunda vez fallé en uno de los que más me importaban. Intenté disimular el dolor ante mis hermanas, pero por dentro era un niño perdido, buscando un regazo que ya no existía.

Al segundo día de su muerte, mami vino a mí en un sueño. Fue un encuentro tan vívido que aún me estremece recordarlo. La vi acercarse con su sonrisa serena; me abrazó, sentí su olor, su calor.

Me dijo:

—No te angusties, mijo. Estoy bien. El amor no muere. Yo sigo aquí. Cuida de tu familia. Ama sin medida. El amor es lo único que tiene sentido.

Desperté con lágrimas en los ojos, pero no de tristeza, sino de paz.

Pensé en las palabras de Albert Einstein tras la muerte de su amigo Michele Besso: "Ahora Besso ha partido de este extraño mundo un poco antes que yo. Eso no significa nada. Las personas como nosotros sabemos que la distinción entre pasado, presente y futuro es solo una ilusión obstinadamente persistente."[167]

Tal vez tenía razón.

Tal vez el tiempo no existe como creemos.

Tal vez los abrazos, las caricias y las palabras de quienes amamos siguen suspendidas en el universo, latiendo todavía en algún rincón de la eternidad.

Aquella madrugada supe que mami no se había ido.

Simplemente había cruzado al otro lado del amor.

---

[167] Cultura Científica. (2022, 15 de marzo). *Einstein y Michele Besso.* https://culturacientifica.com/2022/03/15/einstein-y-michele-besso/

51
Somos Dign@s y Trayecto Dignidad

Junto a un grupo de mis estudiantes del colectivo Somos Dign@s, el 1 de mayo 2011.

Después de tantas muertes, el silencio tenía una textura nueva. No era paz: era urgencia. Afuera, el país ardía.

Ese silencio no era abstracto. Tenía nombres, cifras, cuerpos.

Los casos de feminicidios, abuso sexual y agresiones contra las mujeres en Puerto Rico continuaban su espiral ascendente. Cada año, la prensa daba cuenta de episodios cada vez más desgarradores vinculados al machismo, la pobreza, la desigualdad social y la impunidad.

En 2008, el país quedó conmocionado por el caso de Margarita Rosado Natal, una mujer de 44 años asesinada brutalmente por su pareja, Alberto Cordero Ramos, quien la asfixió y luego descuartizó su cuerpo, desechando sus restos en tres pailas de pintura.[168] Aquella tragedia fue el reflejo

168 Escalofriante fin de una aguadillana, Primera Hora : https://www.primerahora.com/noticias/policia-tribunales/notas/escalofriante-fin-de-una-aguadillana/

extremo de una violencia estructural que, lejos de disminuir, se normalizaba en la cotidianidad.

Al cierre del año 2010, se reportaron 984 asesinatos en la isla y más de 2,467 mujeres fueron víctimas de agresión sexual, cifras que subestimaban la realidad por la ausencia de una encuesta de victimización que reflejara los casos no denunciados.[169] La Junta de Planificación de Puerto Rico reveló ese mismo año que más del 44% de las familias vivían bajo el nivel de pobreza, y que el 62.6% de las mujeres se encontraban bajo ese umbral, frente al 50% de los hombres.[170] La pobreza tenía rostro de mujer.

Mientras tanto, las políticas neoliberales del gobierno colonial profundizaban la crisis social y económica.

Los recortes, las privatizaciones, la corrupción y la indiferencia hacia los sectores más vulnerables provocaron una ola de indignación popular.

Estudiantes, obreros, artistas y profesores se unieron en una marea de protestas. Denunciaron la desigualdad, el alza de matrículas en la Universidad de Puerto Rico, la eliminación de derechos laborales, la represión estatal y el aumento de los casos de agresión sexual y feminicidios.

El 30 de junio de 2010, esa indignación llegó a las escalinatas del Capitolio en el Viejo San Juan.

Ese día, el presidente del Senado, Thomas Rivera Schatz, ordenó cerrar las puertas de la legislatura y prohibir el acceso a la prensa durante una sesión pública, en una clara violación al derecho constitucional a la información.

Yo estuve allí.

Junto a colegas y estudiantes de la Comisión de Derechos Humanos y Constitucionales del Colegio de Abogados y Abogadas de Puerto Rico, documentando la represión. Fui testigo de cómo la policía, la guardia montada y la fuerza de choque arremetieron contra manifestantes pacíficos, lanzando gases lacrimógenos y golpeando indiscriminadamente a jóvenes, mujeres y ancianos.[171]

---

[169] Oficina de la Procuradora de las Mujeres (OPM). *Estadísticas.* https://www.mujer.pr.gov/estadisticas

[170] Junta de Planificación del Gobierno de Puerto Rico. *Informe Social 2010.* https://jp.pr.gov/wp-content/uploads/2022/04/2010.03-Informe_Social_Mar-2010.pdf

[171] Unión Americana de Derechos Civiles (ACLU), Capítulo de Puerto Rico. *Puerto Rico, Isla de la Impunidad.* Junio 2012. https://www.aclu.org/publications/island-impunity-puerto-rios-outlaw-police-forcei

Recuerdo especialmente la imagen de Betty Peña y su hija Eliza Ramos Peña, de 17 años, siendo golpeadas con macanas y rociadas con gas pimienta frente al Capitolio. Una fotografía captada por Ricardo Arduengo para Prensa Asociada inmortalizó el horror de aquel día.

Crédito de la foto: Ricardo Arduengo / Prensa Asociada, 30 de junio de 2010.

En otra imagen se observa al teniente Juan D. Vargas, del cuartel de la Calle Loíza, con el arma en la mano, participando en el operativo.

Meses después, el gobierno —entonces controlado por el Partido Nuevo Progresista— aumentó la composición del Tribunal Supremo de Puerto Rico de siete a nueve jueces, en una maniobra política destinada a consolidar su poder.

Con el respaldo de una mayoría conservadora en el tribunal, comenzaron a gestarse decisiones judiciales que limitarían derechos

laborales,[172]de las mujeres,[173]de los acusados[174]y de la comunidad LGBTQI+.[175] Uno de los jueces asociados nombrados, Erick Kolthoff, llegó a declarar públicamente que la separación de Iglesia y Estado era un obstáculo para la libertad religiosa.[176]

Sus palabras no fueron aisladas. Marcaron el inicio de una peligrosa convergencia entre fundamentalismo religioso y poder judicial.

La indignación que nos unió

Ante ese panorama, un grupo de profesores, estudiantes y activistas decidimos organizarnos.

Desde mi curso de Derechos Civiles en la Facultad de Derecho de la Universidad Interamericana comenzamos a reunirnos para diseñar estrategias de acción frente a la profunda crisis de derechos humanos que atravesaba el país.

A este esfuerzo se unieron estudiantes y profesoras de la Escuela Graduada de Trabajo Social de la Universidad de Puerto Rico, así como

---

[172] Véase análisis de jurisprudencia laboral del Tribunal Supremo en casos de despido por Prof. Emmalind Garcia, donde esta concluye: "Los casos objeto de análisis en este escrito refejan claramente la tendencia del Tribunal Supremo de limitar los derechos de los trabajadores a reclamar en los tribunales lo que entienden es injustifcado o discriminatorio. Ejemplo de ello es que, si acuden al tribunal a reclamar, con toda probabilidad el caso se resuelva sumariamente a favor de la parte que tiene acceso a la prueba y recursos para oponerse efectivamente a la solución sumaria. Peor aún, con la decisión de Aponte v. Pfzer Pharmaceutical con toda probabilidad se cerrará el foro judicial para dichos reclamos y los empleados no contarán con el procedimiento sumario que, aunque reducido sustancialmente su efecto, aún mantiene ciertas ventajas para reclamantes laborales": https://derecho.uprrp.edu/revistajuridica/wp-content/uploads/sites/4/2024/06/11-Derecho-Laboral.pdf

[173] Véase: UNA LEY MAL TRATADA: EL TRIBUNAL SUPREMO DEL SIGLO 21 ANTE LA VIOLENCIA, LAS MUJERES Y EL GÉNERO: Prof. Esther Vicente Revista Juridica Inter Derecho [Vol. XLVI:2011-2012; https://www.derecho.inter.edu/wp-content/uploads/2022/01/UNA-LEY-MAL-TRATADA-EL-TRIBUNAL-SUPREMO-DEL-SIGLO-21-ANTE-LA-VIOLENCIA-LAS-MUJERES-Y-EL-GENERO-.pdf

[174] https://aldia.microjuris.com/2021/09/09/no-culpabilidad-debera-ser-unanime-dice-el-supremo/

[175] https://aldia.microjuris.com/2013/02/21/tribunal-supremo-deniega-adopcion-por-personas-del-mismo-sexo/

[176]https://www.elnuevodia.com/noticias/politica/notas/defienden-la-completa-separacion-de-iglesia-y-estado/

jóvenes artistas del colectivo Sembrando Conciencia, fundado por Marisely Coronado y Antonio Sierra en 2009.[177]

Inspirados en el modelo pedagógico de Paulo Freire, apostamos por la educación popular, el arte y la acción participativa como herramientas de transformación social.[178]

Así nació el colectivo Somos Dign@s.

Y con él, las campañas de Trayecto Dignidad (2010–2019), que combinaron educación, investigación, performance, muralismo y activismo comunitario para denunciar las violaciones a los derechos humanos y promover una cultura de equidad y respeto.[179]

La primera actividad pública fue una manifestación frente al Tribunal Supremo de Puerto Rico, el 17 de noviembre de 2010, denunciando la corrupción judicial, el aumento de jueces, la desigualdad socioeconómica, el machismo y los asesinatos.

El periódico Puerto Rico Daily Sun publicó en su portada una fotografía de aquel acto, donde se leía en letras rojas, al pie de la imagen: *"Democracy is Dead"*.[180]

No era una exageración. Era un grito colectivo que resumía el sentir de un pueblo cansado de la injusticia.

Aún recuerdo los rostros de jóvenes con sus cuerpos pintados, maestras con pancartas improvisadas y madres con la rabia contenida de generaciones. El gas lacrimógeno no logró disolver la esperanza.

---

[177] En la primera reunión de este grupo de trabajo participaron la profesora y abogada Judith Berkan, destacada litigante de Derechos Civiles en el país, y el Lcdo. Osvaldo Burgos, quien llego a ser director de la Comisión de Derechos Civiles de Puerto Rico y director del capítulo de Amnistía Internacional en la isla. También se unirían en este esfuerzo Dra. Marinilda Rivera y la Doctora María de Lourdes Martínez, junto a otras profesoras y estudiantes de la escuela graduada de trabajo social de la Universidad de Puerto Rico. La Profesora y abogada Nilca Muñoz formaría también parte de esta iniciativa quien para ese entonces dirigía una Clínica de Derecho en Salud en la Facultad de Derecho de la UPR.

[178] Investigación-acción participativa (IAP): https://eduso.net/res/revista/35/miscelanea/la-herencia-de-paulo-freire-en-las-practicas-participativas-dialogicas#:~:text=Paulo %20Freire %20nos %20ense %C3 %B1a %20que,de %20libertad % 2C %20el %20medio %20a

[179] Para más detalles sobre Somos Dign@s, las campañas educativas y trabajos de investigación de Trayecto Dignidad, véase: artículo escrito por Marinilda Rivera Diaz y Juan F. Correa Luna en la Cátedra UNESCO de Educación para la Paz;

Somos Dign@s y Trayecto Dignidad: Una Campaña Nacional por los Derechos Humanos en Puerto Rico https://unescopaz.uprrp.edu/Publicaciones/Antologias/documentos/Antologia25final/SomosDignxsTrayecto %20Dignidad.pdf

[180] Periodico, Puerto Rico Daily Sun ; Portada del periodico noviembre 18 2010

Porque la dignidad no se decreta ni se concede, sino que se siembra, se defiende y se hereda.

Cada acto de resistencia —una canción, una marcha, una denuncia— es también una forma de ternura colectiva, el antídoto más poderoso contra la violencia patriarcal y colonial.

En un país donde tantas veces se intenta matar la esperanza, cada voz que se levanta, cada cuerpo que resiste, cada madre que transforma su dolor en lucha mantiene encendida la antorcha de lo humano.

Somos Dign@s, no por haber vencido,
sino porque seguimos de pie.

52
La democracia está muerta

"En realidad, un pueblo digno y libre es un pueblo soberano..." — Frantz Fanon, *Los condenados de la tierra*, p. 98 (1961)

Regional organizations lash out against gov't

PUERTO RICO
Daily Sun

Prince William engaged to longtime girlfriend

Mergers shelved

Corrections, advocacy plans inconclusive

- Democracy is dead

Portada del Puerto Rico Daily Sun, 18 de noviembre 2010

Aquella protesta de 2010 en las inmediaciones de Tribunal Supremo, captada en portada del periódico Puerto Rico Daily Sun, dio paso a que en el 2011 el colectivo Somos Dign@s iniciara su primera campaña nacional de educación en derechos humanos conocida bajo el nombre de Trayecto Dignidad 1.

Recorrimos toda la isla, incluyendo Vieques y Culebra, distribuyendo materiales educativos sobre los derechos humanos y un directorio de servicios legales gratuitos y albergues para víctimas de violencia patriarcal. Durante el recorrido, realizamos un estudio sobre el conocimiento, la percepción y la valoración de los derechos humanos y civiles entre la población.
A poco más de 900 personas se les preguntó: *"En su opinión, ¿qué es la democracia?"*

Los resultados fueron desconcertantes.

Un tercio de los entrevistados no supo contestar. Las respuestas iban desde la evasión hasta la confusión total: "No sé", "no tengo idea", "no entiendo", "pon lo que tú quieras ahí, nena", "¿tiene que ver con el gobierno?", "los populares y los PNP", "¿qué es eso de democracia?".

Otro grupo evitó responder por asociar el término con la política, percibida como corrupta: "No hablo de política", "no me interesa", "me aborrece la política", "eso tiene que ver con corrupción".

Y hubo quienes ofrecieron definiciones cargadas de frustración o cinismo: "Es una mentira", "no sirve", "le conviene al poderoso", "una falacia", "una porquería", "lo que tiene a este país bien jodido por culpa del status", "en Puerto Rico es una soberana mierda".

Para otros, la democracia era simplemente una promesa incumplida: "Lo que supuestamente vivimos, pero no vivimos", "lo contrario a lo que se vive", "algo que tratas de hacer y no te lo permiten".

La democracia que no se conoce

El preámbulo de la Constitución del Estado Libre Asociado menciona tres principios básicos de la democracia: la voluntad del pueblo como fuente del poder público, el orden político subordinado a los derechos del hombre[181]y la libre participación ciudadana en las decisiones colectivas. Sin embargo, ninguna persona entrevistada pudo articular esta definición. Solo un 5% se aproximó al concepto clásico de que "la democracia es un sistema donde el poder reside en el pueblo".

La ignorancia no es casual. En 1959, un estudio oficial reveló que el 47.2% de la población no podía identificar un solo derecho civil. Más de medio siglo después, en 2011, nuestro estudio mostró que el 50.03% de los entrevistados tampoco podía hacerlo. Cuando preguntamos: *"¿Qué derechos humanos conoce?"*, un 58% de los entrevistados no pudo mencionar ninguno.

Menos del 10% identificó el derecho a la vida y solo un 2% mencionó la palabra dignidad.[182]

---

181 Aunque muchos diran que al mencionar los derechos del hombre tambien se incluye a la mujer, sin embargo, para mí, este lenguaje es una manifestación del carácter androcéntrico de los hombres que redactaron nuestra constitución colonial.

182 *Somos Dign@s* and Trayecto Dignidad: a National Campaign for Advocating Human Rights in Puerto Rico; J Hum Rights Soc Work. 2021;6(4):318-326. doi: 10.1007/s41134-021-00175-z. Epub 2021 Jun 16.

El estudio también reveló niveles alarmantes de intolerancia hacia homosexuales, lesbianas, personas dominicanas, ateas, comunistas y espiritistas.

El Dr. Eduardo Seda Bonilla escribió: "El primer fundamento de la cultura política de un pueblo que practica la democracia es el concepto de soberanía popular. Allí donde falta conciencia de esa soberanía, los gobernantes se convierten en los que mandan, y el pueblo en el que obedece." [183]

Esa es, precisamente, la tragedia de Puerto Rico. Como colonia, primero de España y luego de Estados Unidos, nunca se ha respetado nuestra voluntad ni nuestro derecho a la soberanía. Los gobiernos coloniales no tienen interés en educar al pueblo sobre colonialismo, patriarcado, democracia o derechos humanos. Bajo la esclavitud, los amos tampoco querían esclavos instruidos; hoy, los poderes coloniales perpetúan el mismo principio: la ignorancia como herramienta de control.

José Trías Monge lo expresó con claridad: "Por la mayor parte de nuestra vida de pueblo, la historia de los derechos civiles en Puerto Rico es más la historia de su ausencia que de su desarrollo." [184]

La violencia patriarcal, la desigualdad social y la pérdida de valores son consecuencias directas de los modelos económicos, políticos y coloniales impuestos. [185]

El patriarcado precede a todas las jerarquías de poder: política, racial, económica y religiosa. Por eso se le considera la estructura fundacional de la opresión.[186] Nuestra propia constitución dice: *"La dignidad del ser humano es inviolable."* Pero en la colonia esas palabras son apenas una ficción legal.

Trayecto II

183Eduardo Seda Bonilla, *Los Derechos Civiles en la Cultura Política Puertorriqueña*, 7ª ed., 2006, p. 8.

184 Trías Monge, J. (1980). *La crisis del derecho en Puerto Rico.* Revista Jurídica de la Universidad de Puerto Rico,49(1): https://www.csjn.gov.ar/pubextrs/verIndice?tm=PP&nm=309&fascic=1980-49-01

185 Vease ademas: U.N. chief: Gender inequality biggest human rights challenge; https://www.politico.com/news/2020/03/08/un-chief-gender-inequality-biggest-human-rights-challenge-123536

186 Rita Segato, *Las estructuras elementales de la violencia*, obra citada. Ensayos sobre género entre la antropología, el psicoanálisis y los derechos humanos.

En abril de 2013, el colectivo Somos Dign@s lanzó su segunda campaña, Trayecto Dignidad II, dedicada a investigar la discriminación y el racismo en Puerto Rico. Se entrevistó a más de 800 personas en toda la isla, incluyendo datos sobre clase social, género, nacionalidad y color de piel.

Los hallazgos fueron contundentes. El 54% de las personas dijo haber sido discriminada. Los espacios más comunes de discriminación fueron el trabajo, los espacios públicos, las escuelas, las agencias gubernamentales, la policía y los comercios. Las razones principales fueron la clase social, la nacionalidad, la orientación sexual y el color de piel.

Un informe de la ACLU de 2012, titulado *"Puerto Rico: Isla de la Impunidad"*, ya había documentado casos de brutalidad policial y racismo institucional contra comunidades dominicanas y negras.[187]

Estos hallazgos confirmaron algo evidente: sin educación en derechos humanos no puede haber democracia. La ignorancia, el prejuicio y la subordinación son los cimientos del sistema que todavía nos gobierna.

Foto de autor de Portada del Periódico El Nuevo Día, el 1 de diciembre de 2013. Donde se incluye hallazgos de nuestra investigación

187 ACLU. *Island of Impunity: Puerto Rico's Outlaw Police Force.* American Civil Liberties Union, 2012. Disponible en: https://www.aclu.org/publications/island-impunity-puerto-ricos-outlaw-police-force

53
Estudio sobre raza y género

Muñecos mostrados por mis estudiantes a los niñas y niños en Santurce en 2014.

Cuando mis hermanas eran niñas jugaban con muchas muñecas. A los varones, en cambio, se nos prohibía hacerlo: jugar con muñecas era considerado una amenaza a la masculinidad. Recuerdo a Santos repitiéndome con firmeza: "*Los hombres somos machos de verdad, y tú no juegas con muñecas.*"

A mami le encantaban las muñecas. Pocos años antes de morir llegó incluso a coleccionar decenas de ellas. Sin embargo, entre aquella colección no había ni una sola muñeca negra.

En 2014, mientras ofrecía un taller de derechos humanos en la Facultad de Derecho, discutíamos con mis estudiantes sobre el experimento de las muñecas de Kenneth y Mamie Clark, presentado como evidencia en el caso *Brown v. Board of Education* (1954).[188] A niños afroamericanos se les

---

[188] Prueba de la Muñeca Clark: los niños negros son racistas ;Un experimento descubrió el efecto de la cultura en el racismo. Por Bertrand Regader 31 mayo 2015. https://psicologiaymente.com/social/muneca-clark-ninos-negros-racistas

mostraban muñecas blancas y negras, y se les preguntaba cuáles preferían y por qué. Los resultados revelaron que la mayoría prefería las muñecas blancas, atribuyéndoles belleza, bondad e inteligencia, mientras rechazaban las negras, asociándolas con fealdad o maldad. El estudio mostró el profundo daño psicológico del racismo y contribuyó a que el Tribunal Supremo de Estados Unidos declarara inconstitucional la segregación en las escuelas.

Hoy, sin embargo, programas de inclusión y diversidad inspirados en esas luchas son atacados y desmontados por sectores conservadores.[189]

El racismo que negamos

En Puerto Rico, solemos repetir que "aquí no hay racismo". El Estado ha contribuido a esa invisibilización al promover la falsa idea del "pueblo de las tres razas", como si la mezcla hubiera borrado toda desigualdad.[190] Pero, en la práctica, el racismo estructural sigue vigente: los más pobres, los más encarcelados y los más marginados siguen siendo los de piel negra.[191]

Desde pequeño, escuché frases como: "Aquí el que no tiene 'dinga', tiene mandinga". En mi familia los prejuicios estaban presentes. Cuando mi hermana se comprometió, escuché a Santos decir: *"Ese muchacho con el que se va a casar tu hermana es negro, pero parece buena gente."* En esas cuatro palabras —*"pero parece buena gente"* — cabía todo el racismo que el país decía no tener.

En nuestro país, a las personas pobres, a las personas negras y a las mujeres muchas veces se les degrada a través del lenguaje, de los medios y de las películas donde el héroe sigue siendo, casi siempre, el hombre blanco.

El estudio en Santurce

En octubre de 2014, junto con estudiantes de Derecho, miembros del colectivo Somos Dign@s y la trabajadora social Tania Arroyo, de la Corporación

---

[189] U.S. Department of Education. (s.f.). *U.S. Department of Education takes action to eliminate DEI.*https://www.ed.gov/about/news/press-release/us-department-of-education-takes-action-eliminate-dei

[190] Childers, C. (2025, abril 3). *The ongoing influence of slavery and Jim Crow means high poverty rates and low economic mobility in the South.* Economic Policy Institute. https://www.epi.org/publication/rooted-racism-part4/

[191] Olmo López, D. (2025, julio 25). *El racismo no es un problema moral, es un problema estructural.* Es Mental.https://www.esmental.com/racismo-identidad-racial-puertorriquenos/

Península de Cantera, realizamos un estudio sobre raza y género en las escuelas Bartolomé de las Casas y Sofía Rexach, en Santurce. Ofrecimos talleres sobre derechos humanos, discriminación, racismo y equidad de género a madres, padres y estudiantes. Luego entrevistamos a 52 niños y niñas. Las edades oscilaban entre 8 y 12 años. Todas las entrevistas se realizaron con el consentimiento de sus familias y del personal escolar.

A cada participante se le mostraron cuatro muñecos: un muñeco blanco y una muñeca blanca —de ojos azules y cabello rubio— junto con un muñeco negro y una muñeca negra —de cabello rizo y ojos oscuros. Luego se les hicieron doce preguntas sobre simpatía, conducta, roles de género y percepción económica.

Los resultados fueron reveladores. El 65% de los niños y niñas dijo que el muñeco negro se parecía más a ellos, pero el 75% prefirió el muñeco blanco. El 65% consideró que el muñeco negro parecía más pobre, y el 60% pensó que los muñecos blancos ganarían más dinero cuando fueran adultos. El 67% asoció las tareas del hogar y del cuidado con las muñecas, independientemente del color.

Las razones que ofrecían eran igual de reveladoras. Las niñas decían preferir las muñecas blancas *"porque es rubia"*, *"por el color de ojos"*, *"porque es bonita"*, *"porque se ve más amable"*. Los niños respondían: *"porque es blanco"*, *"tiene ojos azules"*, *"porque tiene fuerza"*, *"porque es más lindo que el otro"*.

Cuando se les preguntó cuáles muñecos vivían juntos y se querían mucho, el 62% señaló parejas del mismo color. Solo un 17% unió parejas birraciales. Cuando se les preguntó si dos muñecos del mismo sexo podían vivir juntos y quererse mucho, el 83% respondió que no. Una niña y un niño llegaron incluso a contestar que *"nenas con nenas sí, pero dos nenes no"*.

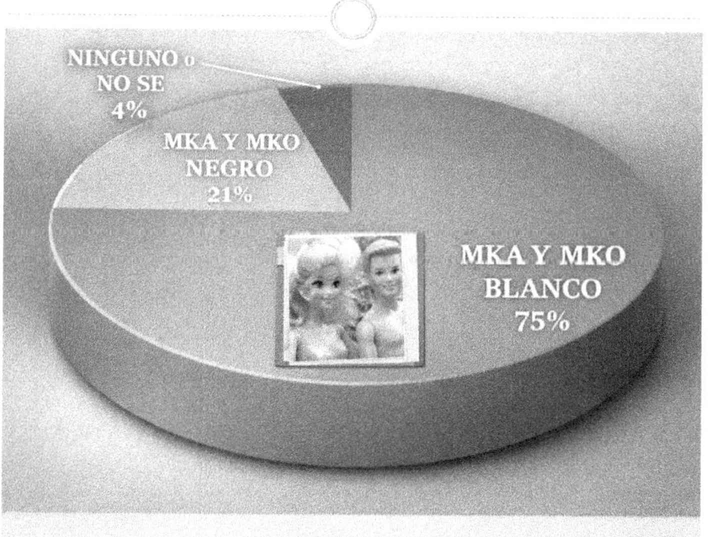

Lo que el entorno enseña

El estudio evidenció cómo desde edades tempranas los prejuicios raciales y de género ya están internalizados, reforzados por los medios, la educación y la cultura. Los niños y niñas reproducen lo que el entorno les enseña: que lo blanco vale más, que lo masculino domina y que lo diferente se castiga.

El racismo, el patriarcado, el colonialismo y el capitalismo no son sistemas separados, sino estructuras de poder entrelazadas que sostienen un mismo orden de dominación. Erradicarlas requiere algo más que leyes: exige educación crítica, arte transformador y conciencia colectiva.

A casi medio siglo desde que negaron la entrada a mi hermana Aida a una escuela privada en Brooklyn porque no era suficientemente blanca, los niños y niñas de Santurce continúan siendo víctimas del prejuicio y el discrimen. Nadie tuvo que enseñarles esa regla. Ya la sabían.

Niños y niñas de las escuelas Bartolomé de las Casas y Sofía Rexach siendo entrevistados por mis estudiantes. *Fotos tomadas por autor 2014.*

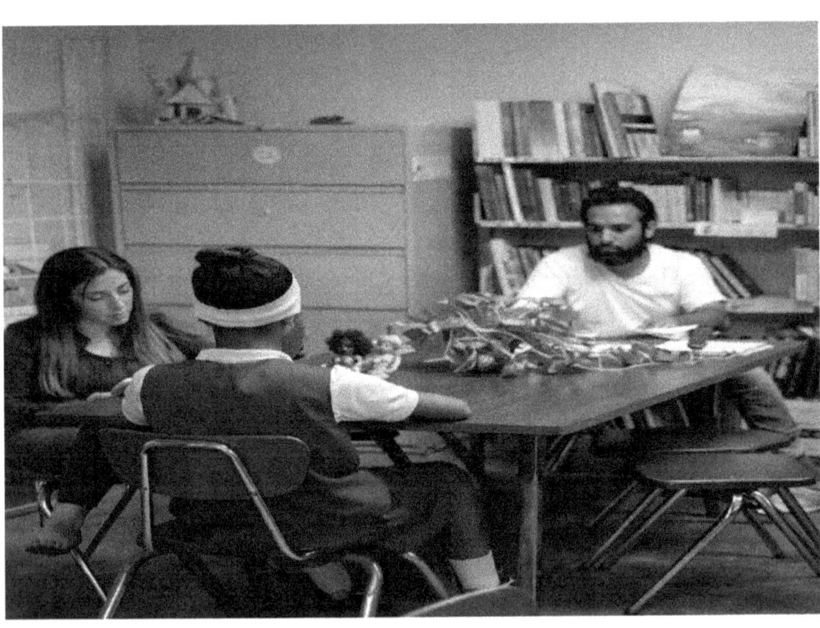

54
ADN, las huellas de la memoria

Había pasado dieciocho años desde la muerte de Santos y once desde la de mami. Los proyectos de investigación y las campañas educativas de Trayecto Dignidad ocupaban gran parte de mi tiempo. Para ese entonces también era catedrático en la Facultad de Derecho de la Universidad Interamericana. Para el 2018 me encontraba inmerso en los preparativos iniciales de la quinta campaña educativa de Trayecto Dignidad. Nunca imaginé que, precisamente ese año, algo volvería a enfrentarme con mi pasado. Y todo comenzó con una sencilla prueba de ADN.

Hasta entonces, mi acercamiento al mundo de la genética se limitaba a los casos de filiación y paternidad que había litigado como abogado. Recuerdo cuando me uní a la licenciada Josefina Pantoja en una demanda contra Kobbo Santarrosa, conocido como La Comay, conductor de un popular programa de farándula en Puerto Rico, quien se negaba a reconocer y pagar pensión alimentaria a un hijo fuera del matrimonio, pese a una prueba genética concluyente que confirmaba su paternidad. Santarrosa invirtió miles de dólares en su defensa e incluso trajo al director de un laboratorio de ADN en Atlanta para impugnar los resultados. Pero la verdad prevaleció: el Tribunal Superior de San Juan falló en su contra y lo obligó a reconocer la paternidad de su hijo. Aquel caso me dejó una enseñanza profunda sobre cómo la ciencia puede convertirse en una herramienta de justicia, especialmente cuando se enfrenta al poder y al privilegio.

Más adelante, como director de la Clínica de Asistencia Legal, seguí de cerca los logros del Proyecto Inocencia, instrumental en la aprobación de la Ley de Análisis de ADN Post Sentencia, un estatuto fundamental para permitir el acceso a evidencia biológica en poder del Estado y así demostrar la inocencia de personas encarceladas injustamente.

Pero fue a principios de 2018, después de ver el documental de René Pérez Joglar, Residente —exvocalista y letrista de Calle 13— que la curiosidad por mis propias raíces genéticas llamó de verdad a mi puerta. En el documental, René emprende un viaje por el mundo para descubrir sus orígenes, y los resultados de su prueba revelan una sorprendente diversidad de procedencias: genes africanos, caribeños y europeos. Esa mezcla, tan propia de nuestra historia colonial, se convirtió en una metáfora poderosa de la identidad puertorriqueña: un cruce de resistencias, supervivencias y memorias.

Diversos estudios han señalado que los puertorriqueños y puertorriqueñas constituimos una de las poblaciones genéticamente más diversas del planeta, producto del entrelazamiento de herencias taínas, africanas y europeas. Esa complejidad biológica refleja también nuestra complejidad cultural, marcada por el mestizaje, la colonización y la resistencia.[192] Más allá de la curiosidad científica, aquella reflexión encerraba un mensaje simbólico: la historia de nuestro pueblo vive no solo en los archivos y en la memoria, sino también en el cuerpo.

Movido por esa inquietud, decidí hacerme yo mismo una prueba de ADN. Entre las distintas empresas disponibles elegí Ancestry, una de las pioneras en genealogía genética.[193] La mecánica era sencilla: pedir el kit por internet, depositar una muestra de saliva y enviarla por correo. Semanas después, llegaría un informe sobre composición étnica, conexiones familiares y otros datos biográficos y genéticos.

El ADN se ha convertido así en una nueva frontera de la identidad. En un mundo donde la pertenencia y el origen se han vuelto asuntos urgentes, estas pruebas ofrecen una narrativa tangible del pasado, aunque no exenta de dilemas éticos sobre privacidad, comercio de datos y biopolítica del cuerpo humano.

Para mi sorpresa, la prueba que me realicé en el verano de 2018 reveló una verdad que transformó por completo mi historia: mi padre biológico no era Julio Correa, sino mi padrastro, Santos Reyes Valentín.

Aquella revelación, más que un golpe, fue una verdad que siempre había estado latiendo bajo la piel, esperando ser nombrada. De pronto, muchas cosas cobraron sentido: su mirada insistente, su ternura disimulada, sus contradicciones, su necesidad de ser escuchado. Había algo en nuestra historia que siempre había estado allí, esperando ser descubierto.

La prueba no solo reveló una paternidad oculta, sino también el eco de una herencia más profunda: la del silencio. Comprendí que todos cargamos,

---

[192] CNN Español. (2014, diciembre 4). *El "humano perfecto" es puertorriqueño, según un estudio*. https://cnnespanol.cnn.com/2014/12/04/el-humano-perfecto-es-puertorriqueno-segun-un-estudio

[193] https://www.ancestry.com/corporate/about-ancestry/company-facts

en lo más íntimo del cuerpo, cicatrices de amor y de abandono. Que hay verdades que no se heredan de forma explícita, sino que se infiltran como una corriente subterránea, esperando el instante preciso para emerger.

Ese momento en que descubrí que mi padrastro era mi padre biológico sentí que Santos volvía a mirarme desde algún rincón del tiempo, no como verdugo ni como salvador, sino como el espejo de una vida que seguía latiendo en mi sangre.

El ADN no mentía. Pero tampoco explicaba por qué, incluso después de la verdad, el corazón sigue buscando cómo perdonar.

55
La revelación

Al comparar mis resultados de ADN con los de mi hermano Adolfo, quien también se había realizado la prueba, encontré la primera confirmación: Adolfo y yo solo compartíamos la mitad del material genético necesario para ser hermanos de padre y madre. La revelación que había comenzado como una intuición quedaba respaldada por los números.

Gracias a la plataforma de Ancestry logré contactar a miembros de la familia de mi padre biológico que hasta entonces desconocía. A través del sistema de mensajería y del correo electrónico del portal comencé a intercambiar mensajes con una persona que vivía en California.

Al principio, ambos creíamos que éramos primos lejanos. Pero, tras examinar los resultados de ADN, intercambiar varios correos y conversar por teléfono, la verdad emergió con claridad: era mi sobrino, hijo de una hermana cuya existencia yo desconocía, Nilda Iris Reyes
—Mirin.

Víctor Anthony Reyes es actor y libretista, y reside en Los Ángeles, California. Lo más asombroso fue que, cuando comenzamos a escribirnos, yo ya tenía programado un viaje a California. Mi hijo mayor, Juan Emmanuel, vive allí desde hace varios años. El destino —o quizás algo más profundo— quiso que Víctor Anthony viviera en la misma ciudad que mi hijo, y apenas a cinco minutos caminando de distancia.

Encuentro en Los Ángeles

Nuestro encuentro fue profundamente emotivo. Víctor Anthony me recibió con calidez y con un sobre en las manos. Dentro había fotografías y documentos personales de su madre, mi hermana Nilda, fallecida en 1994. Entre aquellos papeles me mostró una copia de su certificado de nacimiento, donde aparecía el nombre de nuestro padre: Santos Reyes Valentín.

Ese pedazo de papel, amarillento por los años, fue como un espejo. Allí estaba escrita una verdad que el tiempo y el silencio habían mantenido oculta.

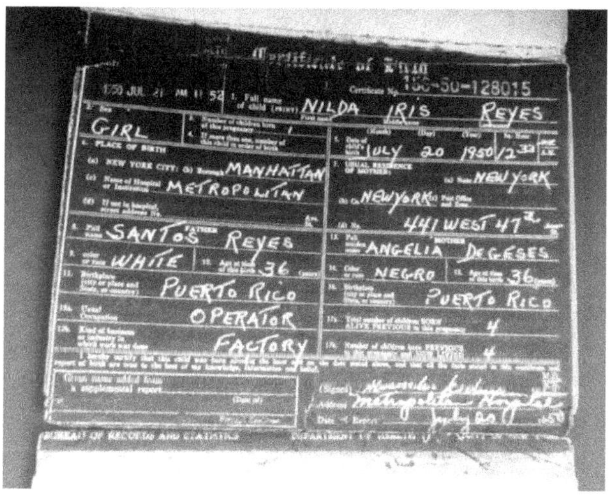
Certificate No. 156-50-128015
1950 JUL 21 AM 11 52
NILDA IRIS REYES
GIRL
JULY 20 1950 12:33
MANHATTAN
METROPOLITAN
NEW YORK
NEW YORK
441 WEST 47th
SANTOS REYES
ANGELIA DEGESES
WHITE
36
NEGRO
36
PUERTO RICO
PUERTO RICO
OPERATOR
FACTORY
4
4

Copia del certificado de nacimiento de mi hermana Nilda Reyes

Foto de mi encuentro con Victor Anthony

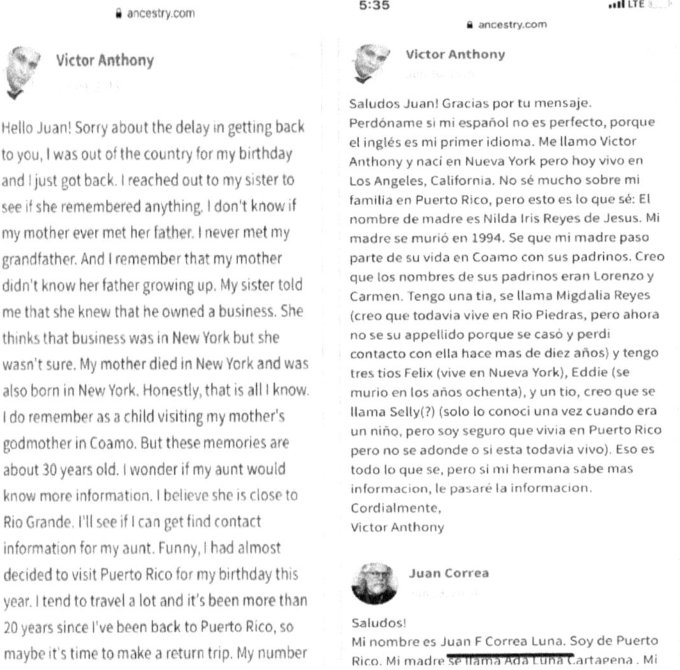

ancestry.com

Victor Anthony

Hello Juan! Sorry about the delay in getting back to you, I was out of the country for my birthday and I just got back. I reached out to my sister to see if she remembered anything. I don't know if my mother ever met her father. I never met my grandfather. And I remember that my mother didn't know her father growing up. My sister told me that she knew that he owned a business. She thinks that business was in New York but she wasn't sure. My mother died in New York and was also born in New York. Honestly, that is all I know. I do remember as a child visiting my mother's godmother in Coamo. But these memories are about 30 years old. I wonder if my aunt would know more information. I believe she is close to Rio Grande. I'll see if I can get find contact information for my aunt. Funny, I had almost decided to visit Puerto Rico for my birthday this year. I tend to travel a lot and it's been more than 20 years since I've been back to Puerto Rico, so maybe it's time to make a return trip. My number

5:35

ancestry.com

Victor Anthony

Saludos Juan! Gracias por tu mensaje. Perdóname si mi español no es perfecto, porque el inglés es mi primer idioma. Me llamo Victor Anthony y nací en Nueva York pero hoy vivo en Los Angeles, California. No sé mucho sobre mi familia en Puerto Rico, pero esto es lo que sé: El nombre de madre es Nilda Iris Reyes de Jesus. Mi madre se murió en 1994. Se que mi madre paso parte de su vida en Coamo con sus padrinos. Creo que los nombres de sus padrinos eran Lorenzo y Carmen. Tengo una tia, se llama Migdalia Reyes (creo que todavia vive en Rio Piedras, pero ahora no se su appellido porque se casó y perdi contacto con ella hace mas de diez años) y tengo tres tios Felix (vive en Nueva York), Eddie (se murio en los años ochenta), y un tio, creo que se llama Selly(?) (solo lo conoci una vez cuando era un niño, pero soy seguro que vivia en Puerto Rico pero no se adonde o si esta todavia vivo). Eso es todo lo que se, pero si mi hermana sabe mas informacion, le pasaré la informacion.
Cordialmente,
Victor Anthony

Juan Correa

Saludos!
Mi nombre es Juan F Correa Luna. Soy de Puerto Rico. Mi madre se llama Ada Luna Cartagena . Mi

Primeras comunicaciones electrónicas con mi sobrino Víctor Anthony por correo electrónico en el verano de 2018.

Víctor Anthony me habló de su madre con ternura y orgullo, evocando su risa, sus gestos y su fortaleza. Llevaba el apellido de su madre, Reyes, porque no quería reconocer el de su padre, marcado por el maltrato y el sufrimiento que había vivido durante su niñez.

Me habló también de otros tíos y de una tía — hermanos y hermana que yo no conocía. Entre ellos mencionó a Eddie Manuel Reyes, quien había participado en la guerra de Vietnam. Me dijo que quizá una hermana, Migdalia Reyes, residía en Río Piedras o en Río Grande, aunque no lo sabía con certeza, pues desde la muerte de su madre, hacía ya unos veinticinco años, había perdido contacto con esa parte de la familia.

Aquel viaje a California no solo me permitió conocer a un sobrino extraordinario —un artista talentoso, vegetariano y profundamente humano— sino también reconciliarme con una parte de mí mismo. Fue, en todos los sentidos, una revelación biológica, emocional y espiritual.

La sangre me había devuelto un nombre, un origen y otra familia que tenía y existía desde siempre, aunque yo no lo supiera.

Víctor Anthony junto a mis hijos Emmanuel y José Luis durante nuestro encuentro en agosto de 2018.

56
El 6 de septiembre

El 6 de septiembre, no sé por qué, me levanté con la urgencia de encontrar a esa hermana que no conocí en más de sesenta años y de quien solo había visto unas pocas fotos que Víctor Anthony me mostró durante nuestro encuentro en Los Ángeles. Gracias a una amiga de la Asociación de Genealogía de Puerto Rico, Katherine Berríos, pude obtener una copia del certificado de nacimiento de Migdalia, nacida el 10 de septiembre de 1945 en Aibonito.

Aquella mañana comencé a buscarla por internet y, aunque llevaba días intentándolo desde mi regreso de California, fue precisamente ese 6 de septiembre cuando apareció información sobre una Migdalia Reyes que vivía en Río Grande, con una edad que coincidía con la de mi hermana.

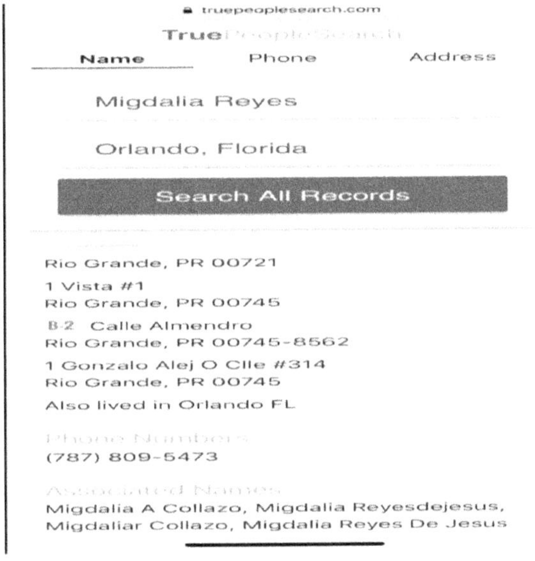

truepeoplesearch.com
True
Name Phone Address
Migdalia Reyes
Orlando, Florida
Search All Records
Rio Grande, PR 00721
1 Vista #1
Rio Grande, PR 00745
B-2 Calle Almendro
Rio Grande, PR 00745-8562
1 Gonzalo Alej O Clle #314
Rio Grande, PR 00745
Also lived in Orlando FL
(787) 809-5473
Migdalia A Collazo, Migdalia Reyesdejesus,
Migdaliar Collazo, Migdalia Reyes De Jesus

Foto de página de Portal de True People Search

De inmediato le grité a mi esposa que creía haber encontrado a mi hermanita. Le entregué el celular y ella repetía, incrédula:

—Esto no puede ser.

Lo asombroso era que aquella Migdalia vivía a apenas cinco minutos de mi casa, en el mismo proyecto residencial donde yo resido: ella en Vistas 1 y yo en Vistas 2, dos urbanizaciones contiguas dentro del mismo desarrollo.

Irma no podía creerlo.

Su sorpresa no era solo por la cercanía física, sino también por el nombre de la calle. La calle Almendro era también el nombre de la calle en las parcelas Márquez, en Manatí, donde ella había vivido con su mamá Catalina hasta el día de su trágica muerte. Irma vivió en la calle Almendro #22. La calle donde vivía Migdalia era la calle Almendro #B2.

De inmediato me pidió que confirmara con el guardia del control de acceso si en esa dirección vivía una Migdalia Reyes. Antes de salir, llamé al número de teléfono que aparecía en la información obtenida por internet, pero nadie contestó. Fui entonces a pie hasta la entrada de la urbanización y le pregunté al guardia:

—Buenas tardes, ¿en la calle Almendro vive una Migdalia Reyes?

—Sí, eso es correcto. En la calle Almendro #B2.

Le pedí si podía llamarla desde su teléfono. Accedió, pero ella no contestó. Entonces la llamó a un celular que tenía registrado y logró hablar con ella. Migdalia le dijo que estaba en una cita médica y pidió que la persona que la buscaba pasara luego de las seis de la tarde.

Esa tarde me fui a dar clase en la sección nocturna de la Universidad Interamericana. Recuerdo que estaba ansioso, con el corazón suspendido en la posibilidad de que, por fin, fuera cierto que mi hermana vivía casi al lado de mi casa. La ansiedad era tanta que compartí la experiencia con mis estudiantes. Ellos, igual que yo, quedaron pendientes del desenlace. Me pidieron que les confirmara en la próxima clase, que casualmente sería el 10 de septiembre, día del cumpleaños de Migdalia. Dijeron que, si de verdad la había encontrado, querían que la llamara por teléfono para cantarle cumpleaños.

Al terminar la clase decidí volver a llamar al número que había aparecido en internet, antes de pasar por la casa. Esta vez contestó un hombre.

—Hola.

—Sí, buenas noches, ¿se encuentra Migdalia Reyes?

—Sí, cómo no. ¡Micky, alguien te busca al teléfono!

Segundos después escuché su voz.

—Hola.

—Perdone, ¿usted se llama Migdalia Reyes de Jesús?

—Una servidora, diga.

En ese instante sentí que las pulsaciones se me disparaban. Algo dentro de mí sabía que estaba escuchando a mi hermana.

—Perdone nuevamente. Usted no me conoce. Mi nombre es Juan Francisco Correa Luna, soy profesor de la Universidad Interamericana, pero hace apenas unos meses descubrí que mi verdadero padre es Santos Reyes Valentín.

Hubo un breve silencio, y luego respondió:

—¿Santos Reyes Valentín? Ese es mi papá.

No sabía qué decir. Lo único que se me ocurrió fue:

—¡Hermanita, yo te estaba buscando!

Y ella contestó:

—Sí, usted supiera que yo también lo estuve buscando…

Migdalia me contó que su padre había abandonado a la familia cuando ella tenía apenas diez u once años, en Nueva York. Hacía unos años una prima le había contado que, tiempo atrás, se encontró con Santos en los trenes de Nueva York y que él le dijo que había tenido un hijo. No le dio más detalles, pero aquella frase bastó para sembrarle la necesidad de encontrar a ese supuesto hermano.

Pensando que quizá su padre ya había muerto, comenzó a buscar si había sido enterrado en Nueva York, donde supo por última vez que vivía, pero no encontró nada. Un amigo le sugirió que buscara en el Cementerio Nacional de Bayamón, ya que Santos era veterano de la Segunda Guerra Mundial. Así lo hizo y, en efecto, encontró que estaba enterrado allí.

Ese mismo día 6 de septiembre, su esposo le había preguntado qué quería de regalo de cumpleaños. Ella le respondió:

—Lo único que te pido es que me lleves al Cementerio Nacional a ver si doy con la información del paradero de mi hermano.

¿Cómo explicar una coincidencia así? Mientras yo me levantaba con la urgencia de encontrarla, ella le pedía a su esposo que la ayudara a buscarme.

Al finalizar la llamada le dije:

—Busco a mi esposa y salgo ahora mismo para tu casa.

El encuentro con mi hermana fue profundamente emotivo: abrazos, sonrisas, llanto y un amor inmediato que parecía venir de lejos.

Le conté que había encontrado a nuestro sobrino Víctor Anthony, viviendo a pocos minutos de mi hijo en Los Ángeles, y que él no sabía nada de ella desde la muerte de su madre. Acto seguido, llamé a Víctor por FaceTime. Cuando contestó, le dije:

—Hello, Victor. Guess with who I am right now?

Él respondió de inmediato:

—No way, no way… you're with my aunt Mickey!

Entonces su voz y su rostro se quebraron.

—You won't believe it. I've been thinking about my mom all day. She died on this same date, September 6. That's mom, that's mom… she wants us to be together again.

Quedé atónito. Yo no conocía la fecha exacta en que había muerto mi hermana Nilda.

Aquella noche ni Migdalia ni yo pudimos dormir. Nos quedamos intercambiando fotografías de nuestras familias, de nuestros hijos e hijas, y contándonos historias de nuestras vidas hasta la madrugada. Creo que, de algún modo, intentábamos recuperar lo irrecuperable: todos esos años vividos en ausencia.

Días después acompañé a mi hermana al Cementerio Nacional, a la tumba de nuestro padre, Santos Reyes Valentín. Frente a la lápida descubrimos, con asombro, que él también había fallecido un 6 de septiembre.

¿Era todo aquello una casualidad?

Foto en el Cementerio Nacional de Bayamón, septiembre de 2018.

Mis estudiantes en la Facultad de Derecho de la Universidad Interamericana cantándole feliz cumpleaños a Migdalia el 10 de septiembre de 2018.

57
La magia del seis

No sé si creer en las casualidades o en esos designios invisibles que a veces parecen ordenar los caminos del alma, pero desde aquel 6 de septiembre el número seis comenzó a perseguirme con una insistencia casi sagrada.

Todo en mi historia reciente parecía girar en torno a él: el reencuentro con mi hermana Migdalia un 6 de septiembre de 2018, la muerte de mi hermana Nilda también un 6 de septiembre de 1994, y la partida de mi padre, Santos Reyes Valentín, un 6 de septiembre de 2000.

Tres destinos enlazados. Tres hilos de una misma trama.

Esa repetición me obligó a pensar en la geometría secreta de los días, en cómo ciertos números, como ciertas canciones o ciertos olores, parecen quedarse a vivir con nosotros.

El seis, con su forma cerrada, me sugirió un círculo: símbolo de retorno, de unión y de plenitud. Encontré que en la numerología el seis es el número de la familia y del hogar. No lo busqué para creerlo, sino para comprender lo que ya sentía.

La fecha de nacimiento de Nilda era el 20 de julio de 1950. Al hacer el cálculo numerológico —2+0+7+1+9+5+0 = 24; 2+4 = 6— su número de vida también resultaba ser el seis. No afirmo que los números gobiernen la vida, pero sí que a veces nos ayudan a darle un sentido íntimo a lo que de otro modo parecería incomprensible. Aquello me impresionó profundamente.

De pronto, ese número dejó de parecerme una coincidencia y se convirtió en un puente. Un recordatorio de que los lazos familiares, aun rotos por la distancia o la muerte, siguen vibrando en un nivel que no siempre sabemos explicar.

Al pensar en Nilda comprendí que su vida y su muerte habían quedado, para mí, unidas a esa energía de reunión. Ella había sido, sin saberlo, una especie de puente entre la herida y la reparación. Su partida no cerró la historia: sembró la posibilidad del reencuentro que, años después, uniría nuevamente a su hermana y a su hermano.

Cuando abracé a Migdalia por primera vez sentí que no solo abrazaba a una hermana, sino también a la memoria de Nilda y a la sombra benévola de mi padre. Como si los tres hubieran conspirado, desde algún rincón del tiempo, para que aquel día existiera.

A veces pienso que los muertos también escriben nuestras agendas. Saben cuándo las almas están listas para reconocerse, para perdonarse, para volver.

Y ese seis que se repite en mi historia no es, para mí, una simple cifra. Es una señal íntima, una forma en que el universo —o tal vez mis propios muertos— me recordó que todo lo que alguna vez se fragmentó puede encontrar, finalmente, una manera de reunirse.

Desde entonces, cada vez que llega septiembre miro el calendario con una mezcla de nostalgia y gratitud. No como quien teme al destino, sino como quien reconoce una puerta abierta hacia lo sagrado.

Y así, el número seis terminó convirtiéndose para mí en el símbolo de que la vida, como un círculo secreto, siempre nos devuelve al lugar donde empezó el amor.

58
El abridor militar

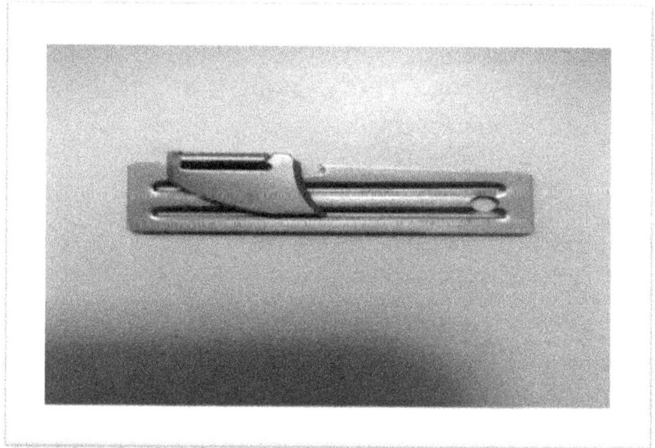

Abrelatas militar P-38, utilizado por soldados en la Segunda Guerra Mundial y en la guerra de Vietnam.

En noviembre de 2018, apenas dos meses después de nuestro encuentro del 6 de septiembre, Migdalia me hizo un regalo muy especial. Era un pequeño abridor de latas militar Shelby P-38 que había pertenecido a nuestro hermano Eddie, quien lo obtuvo mientras servía como soldado durante la guerra de Vietnam.

El abrelatas militar Shelby P-38, también conocido como "John Wayne" por los marines estadounidenses, era un instrumento pequeño, plegable y resistente, utilizado por el ejército desde la Segunda Guerra Mundial.[194] Lo guardé en mi cartera como si fuera un amuleto.

Aunque nunca llegué a conocer personalmente a Eddie, además de compartir el mismo padre biológico, supe que también teníamos en común otra pasión: las artes marciales. El hijo de Migdalia, Jay Banch, me contó que Eddie, igual que yo, había obtenido el rango de cinta negra en Karate, en el estilo Goju Ryu.

Recuerdo que, cuando conocí a Jay en casa de Migdalia, le pregunté con curiosidad:

---

[194]Warfare History Network, *The P-38 can opener: WWII's other P-38*, s.f., disponible en: https://warfarehistorynetwork.com/article/the-p-38-can-opener-wwiis-other-p-38/.

—Me dice Migdalia que practicaste Karate con Eddie en Nueva York. ¿Qué estilo practicaba mi hermano?

Jay me respondió sin titubear:

—Goju Ryu.

Existen centenares de estilos de artes marciales, y me pareció una coincidencia extraordinaria que ambos hubiéramos practicado el mismo, que los dos alcanzáramos el rango de cinta negra y que, en algún momento de nuestras vidas, también diéramos clases.

En diciembre de 2018, mi hijo Emmanuel viajó a Puerto Rico por razón de una demanda que había presentado ante el Tribunal de Distrito Federal por los daños sufridos tras la mordida de un perro en el rostro, ocurrida años antes en nuestro vecindario. La licenciada Judith Berkan lo representaba, mientras que la aseguradora de la parte demandada estaba representada por el bufete del exjuez presidente del Tribunal Supremo, José Andreu.

Aunque para mí se trataba de un caso claro de responsabilidad, la defensa intentó convencer al jurado de lo contrario, alegando incluso que Emmanuel había contribuido parcialmente a sus propios daños —lo que en derecho se denomina negligencia comparada. Antes del juicio hubo varios intentos de transacción, pero las ofertas presentadas por la aseguradora fueron siempre ridículamente bajas.

El juicio estaba originalmente pautado para el 30 de noviembre, pero, debido a la muerte del expresidente George Bush padre, se suspendieron las labores en los tribunales federales. El caso fue señalado para el 6 de diciembre.

Aquella mañana yo sería uno de los primeros testigos. Emmanuel estaba sumamente nervioso, pues era su primer caso con jurado en el tribunal federal. Yo también lo estaba —siempre me ha parecido que, cuando uno es abogado, resulta muy difícil ser buen testigo, porque casi siempre termina argumentando el derecho con los abogados.

Para colmo, esa mañana se me extravió la copia de la deposición que la licenciada Berkan me había entregado para repasar antes de mi testimonio. Salí varias veces de la sala para buscarla en el carro y en mi oficina en la Universidad, pero no la encontré. Finalmente decidí olvidarme del documento y regresar al tribunal.

Al pasar por cuarta vez por el área de control e inspección, el alguacil federal me indicó que tenía que retener un objeto metálico que llevaba en la cartera. De inmediato me di cuenta de que se trataba del abridor de latas de Eddie que me había regalado Migdalia.

Le expliqué de qué se trataba, y uno de los alguaciles me dijo que él también tenía uno parecido, de la Guerra del Golfo Pérsico. Insistió en que el mío era de esa misma guerra, pero cuando sacó el suyo para compararlo, notó que el mío era más pequeño y llevaba inscritas las palabras "Shelby US".

—Definitivamente el suyo es de Vietnam —me dijo—. Pero se lo tengo que retener mientras esté en sala. Lo puede recoger al salir.

—Muy bien —le respondí.

Subí de inmediato al cuarto piso. La vista estaba a punto de comenzar. Al llegar a la sala, Irma se me acercó y me preguntó:

—¿Qué te pasó?

—Luego te explico.

Entonces me dijo:

—¿Tú sabes qué día es hoy?

—¿Qué dices? —le contesté.

—Hoy es día seis… y como a ti te persigue el seis…

Solo entonces caí en cuenta de que no era simplemente día 6, sino el 6 de diciembre — el mismo día y mes en que mi hermano Eddie había muerto en Nueva York, en 1983.

Esa mañana, después de testificar, decidí llamar a Migdalia para contarle lo sucedido. Ella me respondió con calma:

—No te preocupes, hermanito. Es una señal de que nuestro hermano está ahí contigo. Todo va a salir bien.

Y así fue. Aunque sentí que mi testimonio no había sido el mejor porque estaba muy nervioso, al finalizar aquella agotadora jornada judicial el jurado —compuesto por doce personas— rindió un veredicto unánime a favor de mi hijo por una suma muy superior a la ofrecida por el bufete de José Andreu.

Entendí entonces que el abridor militar de Eddie seguía acompañándome, no solo como recuerdo tangible, sino como símbolo de fortaleza, lealtad y amor familiar que trasciende la distancia y el tiempo.

59
La preocupación de Keyla

Migdalia es sobreviviente de cáncer. Recibió el diagnóstico en 2007, más de una década antes de nuestro milagroso encuentro del 6 de septiembre de 2018. Años después me contaría la odisea que vivió desde el momento en que le confirmaron la enfermedad: los tratamientos agresivos, la incertidumbre y ese miedo profundo que se apodera de la mente cuando el cuerpo deja de sentirse seguro.

Pero también me confesó algo que siempre me ha estremecido:

—Yo me dije a mí misma que no podía morir sin conocer al hermano que una prima me había dicho que había tenido mi papá.

Esa promesa se cumplió once años después.

Cuando murió Keyla Hernández — periodista y presentadora de NotiCentro en Canal 4, que se había ganado el cariño del país entero — el 31 de diciembre de 2018, como le ocurrió al resto del país, también nosotros sentimos que perdíamos a alguien cercano. En muchos hogares, incluido el nuestro, Keyla era casi parte de la familia.

Migdalia se identificaba con ella de una manera especial. Como sobreviviente de cáncer, sabía bien lo que se siente cuando un médico pronuncia esa palabra: el golpe de frío, la angustia repentina, la sensación de que la muerte — que siempre supiste posible pero lejana — ahora se acerca demasiado.

Durante el velorio de Keyla Hernández Ramos, su compañero Normando Valentín indicó a NotiCel que los medicamentos que tomaba la reportera costaban inicialmente 14,000 dólares mensuales, pero que de un mes a otro habían aumentado a 20,000 dólares. Aquello la llenaba de preocupación, consciente de que ese costo era inalcanzable para la mayoría de las personas. [195]

La salud como derecho

---

[195] Suárez, D. (2019, March 3). *El tratamiento de Keyla llegó a costar $20 mil mensuales. NotiCel.* https://www.noticel.com/negocio-de-la-salud/ahora/top-stories/20190105/medicamento-de-keylla-llego-a-costar-20-mil-mensuales/

La explicación es sencilla: a diferencia de otras democracias capitalistas, ni el gobierno de Estados Unidos ni el de Puerto Rico cuentan con un modelo universal de salud con poder real para controlar y reducir los precios impuestos por la industria farmacéutica. El lucro sigue siendo la prioridad, y ese afán es compartido también por las aseguradoras, que históricamente se han opuesto a un sistema de salud universal con pagador único.

El médico y oncólogo puertorriqueño Fernando Cabanillas lo explicó claramente en una entrevista para NotiCel: los precios de los medicamentos son mucho menores en países con estructuras universales de salud y medicina socializada, como ocurre en gran parte de Europa.

En Puerto Rico mueren anualmente más de 5.000 personas por cáncer. ¿Cuántas de ellas mueren por falta de medicamentos o por no haber recibido a tiempo el tratamiento adecuado? Todos sabemos que son muchas, y casi siempre provienen de las clases pobres y trabajadoras.

La muerte de Keyla debió servir no solo para hablar del extraordinario ser humano que era, sino también para denunciar la necesidad urgente de establecer en Puerto Rico un verdadero sistema universal de salud con enfoque preventivo. Si la dignidad y la vida son derechos fundamentales e inviolables, entonces la salud, que es inseparable de ambas, debe ser tratada como un derecho y no como un privilegio reservado para quienes pueden pagarlo.

Por eso exhorté al público, en una columna que envié a El Nuevo Día, a escribirle al gobernador Ricky Rosselló exigiendo el establecimiento de un sistema universal de salud bajo los parámetros de la Ley Núm. 235 del 22 de diciembre de 2015, que creó el Consejo Multisectorial de la Salud. Esa ley establecía que la salud es un derecho humano fundamental y una cuestión de justicia social, por encima del lucro; que no debe visualizarse como un bien de consumo; y que el modelo a recomendar debía garantizar acceso integral, igualitario y justo a los servicios de salud para todos los habitantes de Puerto Rico.[196]

Sé que muchas personas llegaron a enviar sus comunicaciones al gobernador. Pero todos sabemos que el gobierno colonial estaba más entretenido en aquel chat donde Ricky y sus allegados habían revelado su

---

[196] Ley del Consejo Multisectorial de la Rama Ejecutiva, Ley Núm. 235-2015. Disponible en: https://bvirtualogp.pr.gov/ogp/Bvirtual/LeyesOrganicas/pdf/235-2015.pdf

verdadero rostro ante el país, haciendo comentarios misóginos, racistas y clasistas mientras conspiraban contra quienes consideraban un obstáculo político.

Mientras tanto, miles de pacientes seguían luchando solos por sobrevivir, enfrentando no solo la enfermedad, sino también la indiferencia de un sistema injusto y opresivo. Entre ellos, mi hermana Migdalia —que se había mantenido con vida por la promesa de encontrarme— merecía, como todos, un modelo de salud a la altura de su dignidad.

60
Susurros desde el más allá y Trayecto Dignidad 5

Los primeros meses de 2019 fueron de una intensidad particular. Casi simultáneamente ocurrieron cosas que, vistas por separado, podrían parecer sin relación: señales inexplicables de Santos, los preparativos de Trayecto Dignidad 5 y la tabulación y análisis de resultados de la investigación sobre patriarcado internalizado en la isla.

El 26 de enero de 2019, apenas dos meses antes de la quinta edición de Trayecto Dignidad, comencé por fin a pintar la casa con Irma. Habíamos pospuesto esa tarea durante algún tiempo, pero aquella mañana ocurrió algo extraño.

El abridor misterioso

Mientras pintaba el pasillo que conecta con la cocina, vi brillar algo en el borde de la ventana. Era un abridor de latas militar, un viejo modelo P-38, idéntico al que Migdalia —mi hermana recién reencontrada— me había regalado semanas antes. Ese abridor había pertenecido a Eddie durante la guerra de Vietnam.

—No puede ser— murmuré.

Busqué mi cartera y confirmé que el abridor militar de Eddie seguía allí. Sostuve uno en cada mano. Comprobé que eran idénticos. Llamé a Irma para que captara el momento y le pregunté si sabía de dónde había salido el segundo.

—Lo encontré hace tiempo y lo puse ahí. Pensé que era de José Luis o de alguno de sus amigos.

Luego les pregunté a los amigos de mi hijo, pero ninguno reconoció haber dejado aquel abridor de latas militar en casa.

Entonces le pregunté a Irma qué fecha era.

—26 de enero.

Era el día después del cumpleaños de Santos. Recordé cómo solía felicitarlo siempre con un día de atraso, y cómo él se reía:

—Mijo, mi cumpleaños fue ayer, el 25.

Fotos tomadas el 26 de enero de 2019 por Irma, mientras pintaba la casa, mostrando el abridor militar de Eddie entregado por Migdalia y el segundo abridor que me encontré ese día mientras pintaba.

La cotización de Sully

Apenas unas semanas después, revisando correos relacionados con la logística de Trayecto Dignidad 5, noté algo que volvió a sorprenderme. La primera cotización de transporte tenía fecha del 25 de enero — el mismo día y mes en que Santos cumplía años. Pero no era solo la fecha. El correo provenía de una empleada llamada Sully Santos Reyes.

Sully Santos Reyes. Santos Reyes. Me quedé inmóvil. ¿Qué estaba ocurriendo realmente?

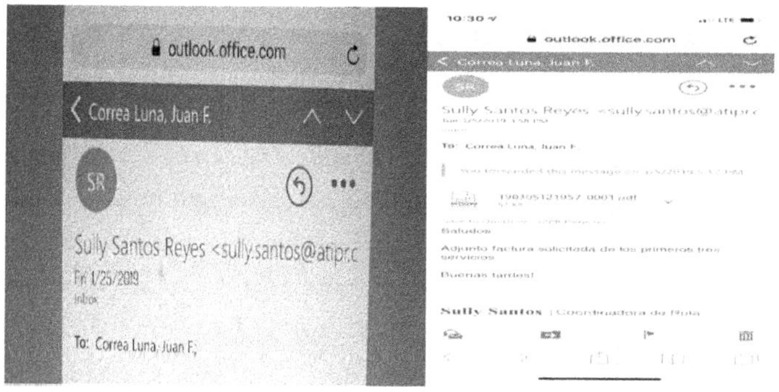

Correos electrónicos enviados por la empleada de Transporte Sonell el 25 de enero y el 5 de marzo de 2019 sobre la cotización de transporte para *Trayecto Dignidad 5*. Véase que el nombre de la persona que envió la factura es Sully Santos Reyes.

El abridor, la fecha, el nombre. No eran eventos aislados. Formaban parte de un mismo tejido invisible que venía revelándose desde mi reencuentro con mi familia. Mis muertos parecían seguir presentes: en los objetos, en los nombres, en los días. A veces pienso que los vínculos que no se nombraron en vida buscan su propia manera de hacerse sentir después de la muerte.

Trayecto Dignidad 5: medir el patriarcado

La búsqueda personal y la lucha colectiva siempre han corrido en paralelo en mi vida. Mientras Santos me visitaba en los objetos y en los calendarios, el país seguía acumulando feminicidios y agresiones que no podían esperar. Del 30 de marzo al 1 de abril de 2019 realizamos la quinta edición de la campaña nacional de educación en derechos humanos: Trayecto Dignidad 5, dedicada al tema de violencias, géneros y derechos humanos.

Diseñamos la primera escala en Puerto Rico para medir el patriarcado internalizado, con 23 ítems agrupados en tres factores: violencias de género interpersonal, roles de género y pensamiento patriarcal.[197] Unas 625 personas contestaron el cuestionario.

Tuve la oportunidad, durante aquel recorrido nacional de tres días, de entrevistar junto a otros profesores y estudiantes a decenas de mujeres y

---

[197] Ortiz Ortiz, Y. (2019). Trayecto Dignidad 5 :Documento de Analisis y Trabajo. Colectivo Somos Dign@s.Documento no publicado.

hombres. Las respuestas de muchos de los hombres me hicieron recordar la visión de Santos sobre la mujer:

"Es que la mujer es de su casa, no es pa' estar en la calle tarde en la noche", "Si le pegó es porque algo malo le hizo", "No, no es malo que los nenes tengan muchas novias. ¿Las nenas? No, las nenas no.", "Eso de varones juntos o casarse ofende a Dios."

En otras ocasiones se armaban acaloradas discusiones entre las personas entrevistadas y quienes las acompañaban — unos defendiendo los derechos de las mujeres y la comunidad LGBTQI+, otros defendiendo los valores de la familia tradicional. Sentía que revisitaba las discusiones entre Santos y Proby cuando debatían sobre el caso de Richie Pietri. Pero esta vez me encontraba en primera fila, observando el debate de todo un pueblo.

Entre los hallazgos sobresalientes encontramos que los hombres puntuaron significativamente más alto en la escala de patriarcado internalizado, y que a mayor religiosidad y menor educación correspondía un mayor grado de patriarcado internalizado. Los resultados eran el reflejo estadístico de un país que aún arrastraba siglos de dominación y prejuicio: Puerto Rico necesitaba urgentemente una educación pública con perspectiva de género.

El cierre de la campaña fue una manifestación frente al Capitolio. Decenas de personas se tendieron en las escalinatas, cada una sosteniendo una flor y el nombre de una víctima de feminicidio.
Era un duelo y una promesa: recordarlas todas, transformarlo todo.[198]

---

[198] Activa denuncia de la violencia de géneroAyeza Díaz Rolón, EL VOCERO02/04/2019: https://www.elvocero.com/actualidad/activa-denuncia-de-la-violencia-de-g-nero/article_3807c3b6-54f7-11e9-9656-27effe330531.html

Una de las manifestaciones llevadas a cabo frente al Capitolio de *Trayecto Dignidad 5*. Cada participante se acostó en las escalinatas del Capitolio portando un cartel con una flor y el nombre de cada una de las víctimas de feminicidio en el país.

61
Mi regreso a Nueva York

Durante más de sesenta años estuve privado de la oportunidad de conocer a la familia de mi padre. Desde mi encuentro con Migdalia, ella había tenido que soportar mis interminables preguntas sobre Santos, Eddie, Nilda y nuestra historia compartida. Le dije que viajaría a Nueva York. Quería ver el lugar donde viví con Santos en Brooklyn, encontrar a otros miembros de la familia y visitar las tumbas de Eddie y Nilda — mi hermana y hermano a quienes nunca conocí en vida pero que ya formaban parte de mí.

A principios de diciembre de 2019 partí hacia la ciudad. Me hospedé en el apartamento de una querida amiga, Chary Pizarro, y su hijo Gabriel, cerca del puente Verrazano Narrows. Chary y yo compartíamos otra conexión: ambos fuimos estudiantes del maestro Jaime Acosta, en el estilo de Karate Goju-Ryu, el mismo estilo que había practicado Eddie, el hermano que nunca conocí.

Gracias a Chary obtuve la dirección del maestro Kow Loon Ong, uno de los máximos exponentes del karate Goju-Ryu y maestro de nuestro Sensei Jaime Acosta. Cariñosamente lo llamábamos Kayo. Decidí al día siguiente ir a visitarlo a Chinatown, no sin antes darme una vuelta por las calles de Broadway.

Nueva York brilla como el oro, pero su pobreza es imposible de ocultar. En las calles, en el metro, en las aceras, los cuerpos cuentan historias que las estadísticas no pueden contener.[199]

Vi a una pareja sentada entre la acera y la calle, abrazada en un intento fútil de aplacar el frío. Frente a ellos, una pequeña montaña de bolsas llenas de ropa. El hombre portaba un pedazo de cartón que decía: *"We are praying for a miracle."*

Me detuve un momento. Metí la mano al bolsillo y saqué lo que tenía — tres dólares. Me acerqué y se los entregué diciéndoles:

—It's not easy.

---

[199] Para enero de 2025, 120.513 personas dormirían cada noche en albergues de la ciudad. Miles más dormirían sin techo en espacios públicos, y más de 200.000 personas compartirían temporalmente una vivienda con otros. Por lo tanto, se puede estimar que más de 350.000 personas se encontraban sin hogar en Nueva York en enero de 2025; Coalition for the Homeless. (n.d.). *Basic facts about homelessness in New York City*. En: https://www.coalitionforthehomeless.org/basic-facts-about-homelessness-new-york-city/#:~:text=The %20Basic %20Facts %3A,each %20night %20in %20NYC %20shelters

El joven me miró y respondió:

—It sure isn't fucking easy, man.

Me dio las gracias. Seguí caminando. A sus espaldas, un auto de la policía de la ciudad transitaba lentamente, como si todo fuera perfectamente normal en la ciudad más rica del mundo. En 2019, más de 3,500 personas vivían a la intemperie y más de 60,000 habitaban en albergues o refugios. Una crisis humana en el país que se proclama el más rico del mundo.[200]

Seguí mi recorrido esa noche hacia Chinatown, donde el maestro Kayo me recibió muy gentilmente en su hogar, que parecía un templo Shaolin, repleto de hermosas estatuas orientales y espadas de samurái. Fue un honor que me recibiera en su hogar. Conversamos sobre el arte marcial que nos unía, sobre la disciplina como forma de vida y sobre los lazos invisibles que conectan a practicantes separados por distancias y décadas.

---

[200] Southall, A., & Shanahan, E. (2019, October 5). *4 homeless men are beaten to death on a Chinatown street. The New York Times.*
https://www.nytimes.com/2019/10/05/nyregion/homeless-men-killed-chinatown.html

Salí de allí con la sensación de haber cerrado otro capítulo pequeño pero necesario en mi vida.

Pero antes de entrar al edificio ocurrió algo un tanto extraño. Entre todos los nombres en el directorio de residentes, en su mayoría asiáticos, justo al lado del apartamento de Kayo, apareció uno que me detuvo: N. Reyes.

Me quedé en silencio. ¿N. Reyes? ¿Nilda? Casualmente tenía programado visitar el cementerio donde descansaba su cuerpo al día siguiente. Aquel directorio en Chinatown la ubicaba nuevamente en mi memoria. ¿Era coincidencia? ¿O una forma más en que su presencia seguía acompañándome? No tengo respuesta. Quizás no hacía falta.

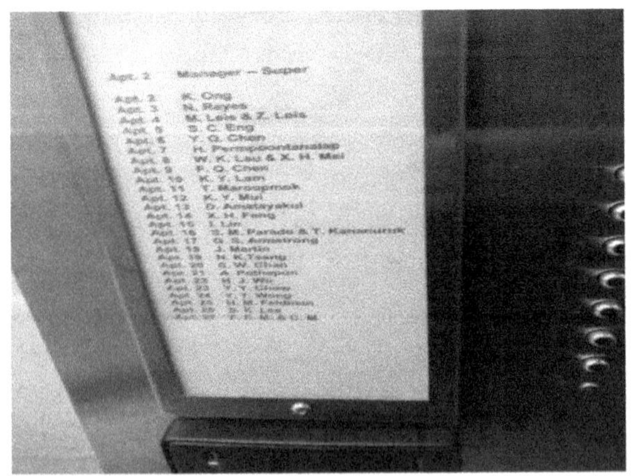

62
Laney White

Durante mi visita a Nueva York, decidí solicitar mi certificado de nacimiento en el Departamento de Registros Vitales. Aquella mañana de otoño el aire olía a café y a asfalto mojado, y los trenes subterráneos hacían vibrar las tapas de las alcantarillas. Entré al edificio con una mezcla de nervios y nostalgia. Habían pasado muchos años desde la última vez que pisé la ciudad donde di mis primeros pasos, y aquel trámite —un simple document— se sentía como un regreso simbólico al origen.

El lugar estaba lleno de gente. Cada quien con su historia, esperando confirmarla en tinta oficial.

Observé los rostros: impacientes, ansiosos, algunos con emociones contenidas. Me pregunté cuántas veces ese mostrador había sido testigo de encuentros con la propia identidad.

Finalmente, una mujer de rostro amable me hizo una seña. Su nombre era Laney White. Revisó mi solicitud y, al leer mi fecha de nacimiento, levantó la vista con una sonrisa cómplice.

—To be born on August 17 is very special.

—Why do you say that? —le pregunté.

Tomó un sobre blanco y escribió:

"My birthday is August 17, 1980. L. White."

Nos miramos en silencio unos segundos. Dos vidas distintas, nacidas el mismo día, encontrándose por azar en ese instante.

—It's a sign —me dijo riendo—. People born on August 17 have good stories to tell.

Le pedí tomarle una foto. Aceptó levantando la mano en señal de victoria, como si ese pequeño momento hubiera transformado la rutina en celebración.

Mientras salía con el sobre en las manos, comprendí que aquel documento no solo confirmaba mi nacimiento. También me recordaba que la identidad no se escribe únicamente en registros oficiales, sino en los encuentros humanos que nos recuerdan quiénes somos.

Afuera, el viento levantaba hojas sobre la acera. Caminé sin rumbo fijo, con el certificado en el bolsillo y la sonrisa de Laney en la memoria.

Y pensé que el azar —ese dios pequeño y travieso— también escribe nuestras biografías.

63
De vuelta a la calle Garfield Place

"Yo sería borincano aunque naciera en la Luna." — Juan Antonio Corretjer[201]

Nací en Brooklyn, en la ciudad de Nueva York, producto de esa diáspora puertorriqueña que sembró en sus hijos orgullo y pertenencia. Regresé a la calle Garfield Place, número 170 ½, más de sesenta años después de aquella mañana en que mami decidió volver a la isla en 1966.

Toqué la puerta. Quería entrar, recorrer aquel edificio brownstone, subir las escaleras como lo hacía de niño, tocar las paredes de mi memoria.

Un letrero en la puerta decía:

"Door bell is broken, please knock loudly."

Golpeé varias veces más, con fuerza. Nadie respondió. Me fui. Más tarde, después de visitar mi escuela elemental y almorzar, regresé con más insistencia.

Cuando estaba a punto de rendirme, escuché una voz:

—Who is it?

—It's me —respondí, sin saber qué más decir.

---

201 El poema "Boricua en la Luna", escrito por el poeta nacional puertorriqueño Juan Antonio Corretjer, fue compuesto en la década de los 80.

La puerta se abrió. Frente a mí apareció un hombre gigantesco. Le expliqué, en inglés, que había vivido allí en los años sesenta, que recordaba a la familia Rivas, en ese entonces los dueños del edificio; a sus hijas Nylsa y Zulma, a las tardes cantando canciones de los Beatles. Me escuchó en silencio. Y luego sonrió.

—Come in.

Entré. El frío desapareció de golpe. Mis orejas, que ya se estaban convirtiendo en estalactitas, se lo agradecieron infinitamente.

Entonces apareció una mujer joven, con varios niños. Se presentó:

—Soy Amanda. Mi mamá era Nylsa.

Sentí que el tiempo se detenía.

—Lamentablemente mi madre falleció de cáncer hace unos años —añadió—. Mi abuela también.

Su voz se quebró. Le mostré fotos de nuestra infancia: su madre, mis hermanas, aquellos días en Garfield Place. Amanda las miró con una mezcla de alegría y nostalgia que no necesitaba traducción.

—Venga —me dijo—, le voy a enseñar la casa.

Recorrí cada espacio: las escaleras, los pasillos, el apartamento del tercer piso. Todo era distinto, pero al mismo tiempo intacto. Al final nos abrazamos. Hubo sonrisas, lágrimas, recuerdos.

Y antes de irme, me permitieron hacer algo que no sabía cuánto necesitaba: volver a correr por aquellas escaleras.

Foto tomada en las escaleras de mi infancia junto a Amanda, hijos e hija, Brooklyn, N.Y. 2019

64
Clarita y Pedro

Tenía información no corroborada de que quizás Clarita, la esposa de Eddie, quien se había vuelto a casar años después de su muerte, seguía viviendo en el mismo apartamento del cuarto piso donde él había fallecido.

Abrigado por esa remota esperanza, y aunque desconocía el número exacto del apartamento, decidí preguntar a una pareja que salía del edificio y a quienes escuché hablar en perfecto español nuyorican.

—Muy buenas tardes. ¿Conocen ustedes a una señora llamada Clarita que vive en este edificio?

Al unísono respondieron:

—Sí, Clarita y Pedro, en el 4-1A. Marque allí el timbre junto al directorio y ellos le abrirán la puerta.

Al apretar el timbre escuché, a través de un intercomunicador defectuoso, una voz distorsionada que repetía con eco:

—¿Quién es? ¿Quién es?

Aunque me identifiqué como Juan Francisco y expliqué que buscaba a Clarita, parecía que no me escuchaban. Luego vino un silencio absoluto y, al cabo de unos segundos, vi a alguien asomarse por una ventana del cuarto piso y gritar:

—¿Quién es usted?

Debido a la distancia, también tuve que alzar la voz:

—Soy Juan Francisco. Estoy buscando a Clarita.

El señor pareció comprender que yo era familiar y gritó a la pareja que me abrieran la puerta. El edificio 2430 de la calle Morris es un proyecto de vivienda pública subsidiada de más de cuarenta años, sumamente deteriorado y sin elevador pese a que muchos de sus residentes son personas de edad avanzada.

Al llegar al cuarto piso vi abrirse la puerta de uno de los apartamentos. Salió primero un señor bajito, de cara redonda y camisilla, acompañado de una mujer a quien reconocí enseguida como Clarita, pues ya había conseguido una foto de ella de la época en que se casó con Eddie. Habían pasado muchos años, pero su rostro no había cambiado demasiado.

Pedro —supe luego— que era el esposo con quien Clarita se había casado años después de la muerte de Eddie — le decía:

—Sal, Clarita, míralo bien. Es un familiar. ¿No lo reconoces?

Y enseguida añadió, dirigiéndose a mí:

—Es que ella se cayó y se le están olvidando las cosas.

Yo estaba tan nervioso por encontrarla por fin, y había subido con tanta prisa los cuatro pisos, que apenas pude articular unas palabras:

—Me llamo Juan… Juan Francisco… Es que Clarita no me conoce… Yo me hice una prueba… hace unos años… Es que…

Don Pedro, al notar mi agitación, me dijo con gentileza:

—Tranquilo, tranquilo. Pase usted y siéntese.

Después de sentarme y recuperar el aliento, pude explicarme mejor. Clarita y Pedro me ofrecieron Café Bustelo. Aunque no acostumbro a beber café —salvo el de mi querido amigo y caficultor cialeño Roberto Otero— aquella ocasión ameritaba aceptarlo. Además, recordé que ese era el café que bebían mami y Santos en mi infancia en Nueva York.

Durante nuestro encuentro, Clarita compartió conmigo las páginas más íntimas y trágicas de su vida. Escuché con profundo respeto su relato, especialmente al ver aquel pequeño espacio de la sala donde había muerto, en total soledad, mi hermano Eddie Manuel, desplomado sobre una butaca. Justo al lado, sobre la pared, Clarita había colocado un cuadro del Sagrado Corazón de Jesús, el mismo que Santos llevaba al cuello cuando una bala le rozó el pecho en la guerra.

Compartimos fotografías, recuerdos y emociones intensas. En más de un momento se nos aguaron los ojos. Había dolor, pero también consuelo. Y sobre la mesa, entre las tazas vacías de Bustelo, un aire inusual de nostalgia y paz.

65
Michelle

"Tienes que confiar en que toda verdadera amistad no tiene fin, que existe una comunión de santos entre todos aquellos, vivos y muertos, que verdaderamente han amado a Dios y a los demás. Sabes por experiencia lo real que es esto. Aquellos a quienes has amado profundamente y que han muerto viven en ti, no sólo como recuerdos sino como presencias reales." — Henri Nouwen[202]

Una semana antes de mi regreso a Puerto Rico, mientras el invierno aún se aferraba a las calles de Nueva York, me enteré por Facebook de la muerte de la hija de unos queridos amigos: Arnaldo Alicea e Ivette Jo García-Ledesma. La noticia llegó sin anuncio, como llegan las verdades que nadie desea conocer. Michelle había fallecido víctima de cáncer unos días antes.

Michelle era una joven brillante y talentosa. Había alcanzado una de las metas más altas que se había propuesto: convertirse en doctora. Pero su vocación no se limitaba al ejercicio de una profesión; su vida estaba animada por un profundo sentido de justicia, por el amor al prójimo y por una sensibilidad especial hacia el cuidado del planeta. Para muchos jóvenes de nuestro país, Michelle se convirtió en ejemplo, no solo por sus logros, sino por la coherencia entre lo que creía y lo que vivía.

Recibir la noticia me partió el alma. Tal vez porque, semanas antes, Arnaldo e Ivette habían pedido a amigos y familiares que oráramos por su recuperación. Quizás porque yo también había alimentado la esperanza —esa obstinación del amor— de que su salud mejoraría.

Ninguna madre ni ningún padre está preparado para sobrevivir a un hijo. El orden natural de la vida se quiebra cuando ocurre lo contrario, y el tiempo parece perder su sentido.

Michelle hablaba con frecuencia de lo que amaba. Lo hacía sin pudor y sin miedo, como quien sabe que amar también es una forma de resistencia. En sus redes sociales compartía reflexiones sobre la vida, su vocación médica, el medio ambiente y, sobre todo, el amor inmenso que sentía por sus padres.

En una de esas publicaciones, al celebrar los veinticinco años de matrimonio de Arnaldo e Ivette, dejó escrito un testimonio que hoy resplandece como una herencia espiritual:

---

[202] Cita de Henri Jozef Machiel Nouwen (24 de enero de 1932 - 21 de septiembre de 1996) sacerdote católico holandés, profesor, escritor y teólogo.

"Wow, 25 años de matrimonio es mucho, pero tener la esperanza de que sean muchos más es admirable… Ser testigo del amor y la fortaleza que se brindan estos dos seres humanos es un honor… Ellos han sido mi gran fortaleza, mi roca en momentos donde siento que el mundo se me acaba… Le damos gracias a Dios porque pueden darse amor y hacerse compañía, porque aún conservan el sentido del humor y, lo más importante, es que se entienden… ¡Muchas felicidades y mil bendiciones! Gracias por compartir el desayuno conmigo… LOS AMO."

Al leer esas palabras sentí que Michelle seguía hablando desde un lugar donde la enfermedad ya no tenía dominio. Comprendí entonces que su voz no se había apagado; simplemente había cambiado de registro.

Movido por esa certeza, decidí escribirle a Arnaldo e Ivette. Les compartí mi experiencia con los seres amados que parten antes que nosotros y cómo he llegado a entender que quienes transitan fuera de este plano continúan comunicándose mediante pequeños milagros cotidianos: presencias sutiles que se manifiestan en un correo electrónico, en un pequeño abridor de latas, en un número o en otras certezas inexplicables. La muerte — les dije — no cancela los vínculos: los transforma.

Cerré mi carta con mis condolencias y con una disculpa sincera por no poder asistir a una misa especial en honor a Michelle, ya que todavía me encontraba en Nueva York.

Días después, Ivette respondió. Sus palabras, atravesadas por el dolor y por esa lucidez que solo concede el amor profundo, aún resuenan en mí:

"Hola, Juan:

Gracias por compartir con Arnaldo y conmigo tan hermoso testimonio del poder de las energías, del poder del amor y, sobre todo, de la transformación de tu visión sobre la espiritualidad y la confirmación de causas mayores que la razón. Arnaldo y yo vivimos el momento más difícil de nuestras vidas. El dolor de la separación física, la ausencia de a quien bautizamos como Michelle, nos deja con un vacío difícil de describir. Son muchas las dudas, son muchos los sentimientos encontrados, pero el apoyo de amigos como tú y el sostén de nuestra familia nos ayuda a vivir un día a la vez. Tenemos que vernos, tenemos que compartir más sobre tu vivencia. Eres muy preciado para nosotros, como te dije en verano. La vida terrenal se nos escapa de las manos y debemos crear memoria.

Te queremos mucho."

Y eso es precisamente lo que hacemos al recordar a Michelle: crear memoria para resistir al olvido. Nombrar a nuestros seres amados es devolverlos al presente; escribir sobre ellos es permitir que su paso por esta vida siga fecundando la nuestra.

Porque hay personas cuya ausencia no se mide en silencios, sino en la profundidad con que permanecen.

Michelle no se fue. Vive en el amor de sus padres, en las causas que defendió, en las vidas que tocó y en la certeza de que algunas almas, aunque breves, dejan una estela que ilumina para siempre.

66
Conclusión

"Después de una muerte lenta, el amor debe limpiar la casa, elegir recuerdos para conservar y recuerdos para dejar ir, dar a cada lamento un oído para escuchar, un corazón para descansar, que ningún alma olvide: una eternidad de deseo espera." — bell hooks[203]

El 10 de diciembre de 2019 visité la tumba de Eddie Manuel, en el Cementerio de Calverton. Dos días después viajé hasta Rose Hills Memorial, en Putnam Valley, donde descansa mi hermana Nilda Reyes. Ambos cementerios quedaban lejos, como si la distancia física quisiera imitar la distancia que deja la muerte. Me tomó un día entero llegar a cada uno, viajando en transporte público, dejando que los caminos nevados me llevaran, paso a paso, al recuerdo.

A Eddie, a falta de flores, le dejé una nota escrita con la urgencia de quien sabe que lo esencial debe decirse, aunque sea tarde. La enterré junto a su tumba.

A Nilda le llevé una docena de rosas multicolores, como si pudiera devolverle un fragmento de la vida que no alcanzó a vivir.

A los dos les pedí perdón.

Un perdón que era también memoria. Y responsabilidad.

Coloqué mi mano sobre cada tumba y sentí el peso de la ausencia. Oré por Eddie, por Nilda, por Michelle, por Arnaldo e Ivette. Los abracé con el pensamiento.

---

[203] *hooks, b. (2005). When angels speak of love. Atria Books.https://poetly.substack.com/p/poems-from-bell-hooks-when-angels*

Poco antes de morir, el expresidente uruguayo José "Pepe" Mujica dijo: "El amor es el motor de la vida… A los 20 es fogata. A los 80 es una dulce costumbre para evadir la soledad, que es tal vez el mayor castigo humano."[204]

Con el tiempo he comprendido que el amor no es solo un sentimiento. Es una forma de estar en el mundo. Cada gesto, cada abrazo, cada recuerdo, deja una huella que no desaparece. Lo que amamos permanece.

También he entendido que el amor no puede existir donde hay dominación, miedo o abuso. Que amar no es poseer, sino permitir que el otro exista en libertad. Y que, muchas veces, para aprender a amar, primero hay que sanar.

Sanar al niño que fuimos. Sanar las heridas que nos enseñaron a callar, a endurecernos, a confundir amor con control. Porque el amor —el verdadero— no nace del miedo a la soledad, sino de la capacidad de dar sin exigir, de cuidar sin dominar, de acompañar sin encadenar.

Por eso, amar también es resistir. Resistir al patriarcado, a la violencia, a las estructuras que nos enseñaron a temer la ternura.

Allí, bajo el frío y la nieve, sentí que no estaba solo.

Estaban:

Eddie.

Nilda.

Ángelita.

---

204 Alconada Mon, H. (2025, January 4). *Pepe Mujica: "A los 20 el amor es fogata; a los 80, una dulce costumbre para dispararle a la soledad". La Nación.*https://www.lanacion.com.ar/conversaciones-de-domingo/pepe-mujica-a-los-20-el-amor-es-fogata-a-los-80-una-dulce-costumbre-para-dispararle-a-la-soledad-que-nid04012025/#/

Santos.
Mami.
Papi.
Julito.
Michelle.
Un coro silencioso acompañándome.
Mientras me alejaba, la nieve seguía cayendo.
Suave.
Como si el mundo, por un instante, decidiera perdonarlo todo.
Y entonces entendí:
el amor siempre está limpiando la casa.
Elige lo que se queda. Libera lo que se va.

Y en ese gesto —entre memoria y deseo, entre dolor y ternura— comprendí que esta historia termina donde comenzó:
en el profundo anhelo de amar y ser amado en libertad.

Cementerio Rose Hills Memorial en Putnam Valley, Nueva York, diciembre 2019.

www.ingramcontent.com/pod-product-compliance
Lightning Source LLC
LaVergne TN
LVHW010650110826
845149LV00014B/3016

* 9 7 9 8 9 9 5 1 7 5 6 0 5 *